文库

中国近百年史

陈恭禄 著

海南出版社
·海口·

图书在版编目（CIP）数据

中国近百年史 / 陈恭禄著 . -- 海口 : 海南出版社 , 2025. 1. -- (大家学术文库). -- ISBN 978-7-5730-1835-9

Ⅰ . K25

中国国家版本馆 CIP 数据核字第 2024H33T65 号

中国近百年史

ZHONGGUO JIN BAINIAN SHI

作　　者：陈恭禄
责任编辑：林天戈
封面设计：格林文化
内文制作：格林文化
海南出版社 出版发行
地　　址：海口市金盘开发区建设三横路 2 号
邮　　编：570216
电　　话：0898-66830922
印刷装订：河北盛世彩捷印刷有限公司
版　　次：2025 年 1 月第 1 版
印　　次：2025 年 1 月第 1 次印刷
开　　本：635 mm × 960 mm　1/16
印　　张：10.75
字　　数：160 千字
书　　号：ISBN 978-7-5730-1835-9
定　　价：39.00 元

“大家学术文库”编者按

中国学术，昉自伏羲画卦，至周公制礼作乐而规模始备。其后，王官失守，孔子删述六经，创为私学，是为诸子百家之始。《庄子》曰：“道术将为天下裂。”孔子殁后，儒分为八；墨子殁后，墨分为三。诸子周游天下，游说诸侯，皆以起衰救弊、发明学术为务，各国亦以奖励学术、招徕人才为务，遂有田齐稷下学宫之设。商鞅变法，诗书燔而法令明；始皇一统，儒士坑而黔首愚。当此之时，学在官府，以吏为师，先王之学，不绝如缕。至汉高以匹夫起自草泽，诛暴秦，解倒悬，中国学术始获一线生机。其后，汉惠废挟书之律，民间藏书重见天日。孝武之世，董子献“罢黜百家，表彰六经”之策，定六经于一尊。其后，虽有今古之分、儒释之争、汉宋之异、道学心学之别、义理考据之殊，而六经独尊之势，未曾移也。

及鸦片战起，国门洞开，欧风美雨，遍于中夏，诚“三千年未有之变局”。当此之时，国人震于列强之船坚炮利，思有以自强；又羡于西人之政教修明，思有以自效。于是有“变法守旧之争”“革命改良之争”“排满保皇之争”，而我国固有之学术传统，亦因之而起变化。清季罢科举而六经独尊之势蹙，蔡孑民废读经而六经独尊之势丧。当此之时，立论有疑古、信古、释古之别，学派有“古史辨”与“学衡”之争，学说有“文学革命”“思想革命”“文字革命”“伦理革命”诸说，师法有“师俄”“师日”“师西”之分，众说纷纭，莫衷一是，百家争鸣，复见于近代。

民国诸家，为阐明道术、解救时弊，著书立说、授课讲学，其学术思想，历久弥新，至今熠熠生辉，予人启迪。然近人著作，汗牛充栋，多如恒河之沙，使人难免望书兴叹，不知从何下手，穷其一生，亦难以卒读。因此之故，我们特精选最具代表性之近人著作，依次出版，俾读者略窥学术门墙，得进学之阶。此次选辑出版，虽未能穷尽近人学术之精品，难免有遗珠之憾；然能示人以门径，使人借此以知近人学术规模之宏大、体系之完密，亦不失我们编辑出版“大家学术文库”之初衷。

此次出版，为适应今人阅读习惯，提升丛书品质，我们特对所选书籍做了必要之编辑加工，约有如下诸端：

一、改繁体竖排为简体横排；

二、修正淘汰字、异体字，规范标点符号用法，为一些书加新式标点；

三、校改原稿印刷产生之错字、别字、衍字、脱字；

四、凡遇同一书稿中同一人名有两种及以上不同写法者，一律统改为常用写法。

除以上所举四点之外，其余一仍其旧，力求完整保持各书原貌。

然限于编者之有限学力，书中疏漏之处，在所难免，尚祈广大方家、读者诸君不吝批评斧正。

编　者

2024 年 3 月

自　序

余写成《中国近代史》后，友人以为分量太多，决非中学生所能读。该书原非为中学生及一般人士而作，顾今供给其需要之史籍，实应参看发表之新史料著作成书，庶可改正昔日相传之错误，及不正确之观念，而有可读之信史。近百年来，中国受外影响，政治、社会、经济、思想之剧变，开从古未有之局势，非有信史，将不能明了其造成之原因，国内之问题，及国际上所处之地位。此为国民应有之常识，近百年史当足以应此需要。本书之写成，专为中学生及一般人士之用也。

全书凡二十一章，内容见于目录，无庸说明，大体上偏重内政。民国以来之史迹，共占四章（第十八至二十一章），篇幅似已稍多，盖史书异于报章杂志，决不能据之成书。关于此时之重要档案，多未公布，且史迹尚在演进之中，难于论断其是非轻重，或免选择史料偏重之弊。近人编著近百年史，偏重民国以来之史迹，篇幅常占全书之半，殆为旧说所囿，实则历史并无一定分配篇幅之原则，当视史料之质量及著者之目的而定。书之价值，固非决定于篇幅之分配也。凡此四章，不过说明近时之大事，及国内之问题耳。

全书因叙内政较多，年月沿用旧历，但为读者便利之计，附注公历年月；据著者意见，读者不记年月则已，记则宁记公历年月也。

陈恭禄自序于高资寓庐

民国二十四年七月

目 录

第一章

道光初年之国内状况

疆域　中央官制　地方官制　组织上之弱点　仕途　俸给　军制　财政　人口之增加　耕地之估计　欧人直航来华　中外关系　对外思想

疆域　清世祖于顺治元年（一六四四）入关，战败流寇，据有黄河流域，遣兵而南，次第战败明之起兵诸王，顺治十八年（一六六一）统一中国。圣祖（康熙）继之，削平三藩，满人之政治地位始乃巩固。对外与俄缔结《尼布楚条约》，两国以外兴岭为界，独蒙古西准噶尔部不服，滋扰于外蒙古西藏等地，圣祖世宗（雍正）高宗（乾隆）先后用兵，征服其地，进而收复回疆，外蒙西藏因而内附。沿海岛屿虽禁人民移居，而固收入版图，台湾且设郡县。属国朝贡者，有朝鲜、琉球、安南、暹罗、缅甸诸国，领土广大过于汉唐。宣宗于嘉庆二十五年（一八二〇）嗣位，明年，改元道光。其统治疆域，仍为其父祖所遗，尚未削小。

中央官制　清帝入关之后，采用明制，仍为专制独裁之政府，初设内阁大学士，亲王并得参与机要。世宗另设军机处；军机大臣或为大学士，或为尚书，奉旨入直者也。拟定朝旨，应对询问事件，内阁遂无实权。尚书为办理庶政者，分吏、户、礼、兵、刑、工六部，部有尚书二人，侍郎四人，满汉各半，各部皆有司员分司办事。制度上之弱点，则军机大臣为谘询顾问，不得自由发表意见。六部则堂官太多，责任不明。满汉并用，徒相牵制。更就名实而言，亦不相副。信如清季王大臣奏曰："名为吏部，但司签掣之事，并无铨衡之权；名为户部，但司出纳之事，并无统计之权；名为礼部，但司典礼之事，并无礼教之权；名为兵部，但司绿营兵籍，武职升转之事，并无统御之权。"刑工二部，尚为能举其职者，故未论及。六部之外有院。一曰理藩院，掌藩属事宜。二曰都察院，司纠察事宜。三曰翰林院，掌讲书撰文等事。其次有通政司、大理寺、太常寺、太仆寺等，为秦汉以来遗留之官制，历代帝王偏于保守，设而不废，多为清闲衙门。遇有非常大事，翰林院、都察院亦得参与朝议。内务府宗人府分掌宫内皇族事宜，国子监则司训导生员，钦天监则掌授时，均无详论之必要。

地方官制 地方官制；京师设顺天府，有府尹，直省十八，其最高长官曰总督巡抚。官制殊不划一，如直隶（今河北）四川各有总督，无巡抚；山东山西河南各设巡抚，无总督，其他总督往往管辖二三省，湖广总督管理湖南湖北，两江总督统辖江苏安徽江西，皆其明例。五省各有巡抚。总督巡抚同在一城者，多所牵制。办理漕运河道大员，亦称总督。学政官位视督抚为低，而能分庭抗礼，因为朝廷派遣，且寓右文之意。布政使按察使赞助督抚治理一省，前者俗称藩台，管理民政钱谷，后者俗称臬台，掌管刑狱驿传。其有盐务省分，尚有运使，或设盐道。其下为道，或统辖兵备，或管理河工，或掌运漕粮，盐道上已言之。道下为府，直隶州或直隶厅，其长官为知府、同知或通判，管辖数州县厅，直隶厅或不辖县。州县各有官长，维持境内之治安，征收钱粮，审理诉讼等，各级官长均有属员佐之。

组织上之弱点 综观清代官制，一本历史上之遗传，君主往往不能因时制宜，有所创作，切合当时之需要。一则清帝以外人入主中国，不肯深信汉人，设官治民，互相监视，多所掣肘，造成如此复杂之组织，尤以地方官制为甚。实际上统治之领土广大，交通不便，地方官除督抚而外，多无言事之机会，督抚乃常握有实权。顾自宋代理学发达之后，忠臣思想更形强固，以臣叛君者于三藩乱后，实不常见，固与牵制复杂之官制无关，牵制之结果，则官吏多所顾忌，蒙蔽之弊遂生，敷衍塞责，办事迟缓，犹其余事。凡官于外省者，例须回避本省，初至一地，民情风俗尚不可知，应兴应革事宜，自无从办理，乃奉胥吏为师，胥吏多久任，营私舞弊，官长无如之何。

仕途　官吏出身，旗人优于汉人，大体而论，仕途可别为三。一曰正途，指考试录取者而言，士子考取秀才，身分即异于平民，乡试中式后入京会试，录取者始入仕途，乡会试每三年举行一次，国家遇有大庆，尚有恩科。每试录取多者三四百人，翰林院久有人满之患。二曰武功，凡参与战事或剿平匪乱立有功绩者，朝廷类多许其主将择尤保举，主将莫不利用事机，多所奏保。十八世纪末叶，教匪之乱大起，历久始平，继之以苗人诸乱，军功保举者益多。三曰捐输，指富人纳钱为官而言。朝廷每逢财政困难之时，或遇兵灾凶年，往往许民纳银捐官，收入旺年，至三四百万两，仕途因而益冗益杂，候补无期，正途出身者，亦尝等至一二十年。

俸给　官吏俸给至为菲薄，一品高官年俸一百八十两，他更无论已。世宗诏给文武臣僚养廉银，较俸银增加。然官吏仍不易维持一家之生活费用，执政或有权势之长官，尚有外官馈遗，小京官则穷苦不堪。外官初无办公费，恃田赋之浮收以为挹注。世宗诏额外之浮收如火耗陋规等项为国课，亦另给养廉，其数各省不同，要视地方肥瘠，官级大小而定。总督多者至三万两，其下以次降低，知县少者仅得六百两，“尚有科场考棚之摊捐，解役缉捕之费用，驿路大差之供应，委员例差之应酬”，上司之节礼等，何能足用？势不得不受陋规贿赂馈遗也。凡新官上任，室中用物，均由属吏购办，谓之办差，去时或将其带去，或由属吏承买，善于居官者固无患贫之理。与其许其额外需索，不如斟酌情形，提高其俸给并发给办公费也！

军制　清帝以武力征服中国，仍恃军队维持境内之治安，兵丁六七十万，而空额极多，战时则多临时召募，尤以绿营兵为甚。清初兵制可别为二,一曰八旗，指军旗颜色而言，正黄、镶黄、正红、镶红、正白、镶白、正蓝、镶蓝是也，中分满蒙汉三军，人数二十余万。其人初则久历戎行，战斗力强，死后子孙继之为兵，乃不能战。军饷发给银米，多者每月得银四两，米四斛；其困难则家人不得从事于其他职业，兄弟三人，一人补甲，所领之银米养活全家，生活乃大穷困。绿营则指悬挂绿旗之各省军队，平时军饷月为一两、米凡三斗，省库窘绌尚有不能全数发给者。将领则一品大员，一年俸金不过九十余两，乃故留缺额，侵蚀军饷。兵丁难于维持生计，则听其包庇营私，大小操时，列阵行走而已。其所用兵器，多为古代遗物，以之防御外兵，故无不失败也。

财政　皇帝统治全国，土地人民均其私产，理论上虽可榨取于民，实际上限制极多，清代税制本于明之遗规，担负以农民为最重，盖政府收入以田赋为大宗也，田税视土壤生产力等而定，各地不同。赋指丁税，由来已久，圣祖下诏永不加赋，后将其并入田税计算。十八世纪中叶而后，开垦之土地增加，收入至三千万两，余以盐课关税为多。据嘉庆十七年（一八一二）报告，盐课收入，共五百七十九万两，关税四百七八十万两。三者额征四千四百九十余万两。斯年蠲免者四百八十余万两，实收四千万两。支出则以皇室经费、军费、政费、河工为多。嘉庆中叶，年凡三千五六百万两，尚有余款，此就和平时期而言，遇有天灾祸乱，即感财政困难。宣宗承受父业，颇能勤俭爱民，顾祸乱之酝酿已久，国内之纷扰时起，加以天旱蠲免田税，并发米银救济灾民，收入乃感不足。

人口之增加　祸乱之原因，虽曰政治组织不密，积弊深痼，官吏贪墨，军队腐败，而土地广大，交通不便，更足以促成之。此种原因，无论何时均可适用，要非造成祸乱之因素，其症结之所在，则人口于和平期内，有增无已，土地不敷分配，一般人民生活困难，终遂铤而走险也。清以前之历代人口，据官书纪载，鲜有超出六千万，古有丁税。自不免于隐瞒。清帝于流寇滋扰屠杀流亡之时，入主中国，人口问题作一解决。据《皇朝文献通考》、《续文献通考》及《东华录》列表如下：

年份	人口
顺治十八年（一六六一）	二一〇六八六〇九
康熙五十年（一七一一）	二四六二一三三四
乾隆十四年（一七四九）	一七七四九五三〇九
乾隆四十五年（一七八〇）	二七七五五四四三一
嘉庆十七年（一八一二）	三三三七〇〇五六〇
道光二十年（一八四〇）	四一二八一四八二八

上列数目，颇有可疑之点，如顺治康熙相去五十年，而人口增加，只有三百万人。固不足信。康熙五十一年（一七一二）诏称巡幸所至，询知一户或五六人，止一人纳赋，或九丁十丁止一二人纳粮。贫民为避免纳赋之计，乃以多报少。及丁税并入田税，宜若可信，无奈官吏视之，无足轻重，所得数目，亦非根据访问调查。《皇朝续文献通考》称嘉庆十七年，人丁三万六千一百六十九万有奇，视道光元年（一八二一）反多六百万人，时无大乱非常之灾，相去九年，何竟减少，故据《东华录》。要而言之，官书所载人丁不能视为精确。自大体或趋势而言，人口实有增无减。洪亮吉生于乾嘉时，本于敏锐之观察，尝论当时之人口曰："视三十年以前，增五倍焉，视六十年以前，增十倍焉，视百年百数十年以前，不啻增二十倍焉。"洪氏所论增加之倍数，虽不足信，要可证明人口之有增无已。

古代帝王奖励人丁之增加，一则视为兵士，强之入伍；一则视为纳税服役之机械，多多益善。清代旗兵世袭，营兵召募，无强迫入伍之事，徭役久已出钱由官召募，丁税并入田税永不再加。凡此种种不过证明古今形势之不同。人口增加，则由于伦理观念，早婚风俗及和平时久也。

耕地之估计　百数十年，人口大增，而人民多以耕种为业，开辟限于禁令，视今狭小，据官书记载，列表于下。

年份	田亩
顺治十六年（一六五九）	五四九三五七六四〇
康熙二十四年（一六八五）	六〇七八四三〇〇一
雍正二年（一七二四）	六八三七九一四二七
乾隆三十一年（一七六六）	七四一四四九五五〇

上表异于著者所得之和，详见《中国近代史》。就表数字而言，百年余内，耕地增加凡一万九千二百万亩，约占百分之三五。据田亩及人口平均计算而论，清初一家约有田地百亩。乾隆而后，开辟之地稍有增加，而官书未有记载。据同治十三年（一八七四），户部报告，全国田地共七万四千二百万亩，时当大乱之后，江皖诸省尚有荒地，合黑田、官田、学田等而言，道光中叶，耕地殆不下十万万亩。黑田指隐瞒漏税之田地而言，尤以四川及边省为多。无论如何，土地开辟远不如人口增加之迅速，农民量腹而食，亦感不敷。其不安于穷苦生活者，加入秘密会社，乘时暴动，道光中年其势已成，时人纪载，亦以之为言。祸乱之原动力酝酿已成，一旦爆发，遂成燎原之祸。

欧人直航来华　清至道光已入衰弱时期，而外交形势亦忽剧变。初古代中国欧洲原有陆路海道往来，罗马帝国覆亡之后，欧人丧失地理知识。其后回教徒势盛，据有欧亚交通之路。马可婆罗于十三世纪仕于元廷，其《游记》引起欧人好奇之心，航海家谋觅新路直航中国。十五世纪末年，葡萄牙人绕道非洲南端，东至印度，十六世纪初年，来至广东。其人乖张为非，尝为粤官所驱逐，更往闽浙海港贸易，粤官许其纳租，住于澳门，葡人垄断远东商业凡百余年。其继之来华者，有西班牙、荷兰、英吉利、法兰西诸国。西班牙直接商业无足轻重，荷兰偏重经营南洋群岛。英国在华商业自十八世纪以来，最为发达。美利坚独立以来，商船亦来广州贸易，额数次于英国。法国商业未有进展，对于远东传教事业较为重视，此就自海道来华之主要国而言。陆路则中俄三面接壤，长逾万里，边境贸易亦有进步。

中外关系　自欧人直航东下以来，航海术大有进步，实用科学亦颇发达，世界交通趋于便利，各国关系因益密切。十九世纪中叶，国际形势根本剧变，中国于此情状之下，仍持古代夷夏之观念，轻视外人，不知彼国内之情状、政治制度、学术思想之迥异，与其陆海军之实力、工商业之优势等，既无从认识新时代各问题，更无有适当处置之办法，于是见迫列强，交涉处处失败。夫环境之变迁，非成于一朝一夕，惜当时君臣尚不之知。道光初年，中外关系，受时代影响者，可别为三。

一、商业——沿海商港，初许外船贸易者，有广州、厦门、泉州、宁波等，乃后限于广州一地，外船入港，买卖货物，除违禁物外，均交行商（亦称洋商）代办，官吏征收船钞货税而外，尚有规礼。道光九年（一八二九），英商提出条件，货船不肯入港，作为要挟，顾终失败。英船后有北上请求于他港贸易者，亦遭拒绝。其时商业受时代之影响，视前发达，问题益为严重。

二、属国与边界——中国向不干涉属国内政外交，朝臣疆吏于其国内情状尚不之知，缅甸安南与英法交战，丧失领土权利，中国初未过问。英统治印度，边境与藏地连接，界址未尝勘定。俄国经营亚洲属地，不遗余力，侵蚀西北边境，谋夺黑龙江下流，而清廷对于边境从无促进其发达之计划，其后交涉失败，已多兆于此时。

三、文化——耶稣会教士于明末来华，介绍西方科学知识于中国，清初颇重用之，雍正而后，教禁渐严。教士或深入内地，或在钦天监当差，出而传教。嘉庆朝禁令益严，而基督教（即新教）教士乃于此时来粤。其来固为传教，然亦足以介绍一部分欧美学术于中国。医学传入，亦与教士有关。

对外思想　就上三者而言，商业为双方有利之企图，而朝廷以为外人非有我国之茶叶大黄，则无以为生。外人贩运鸦片，更增加困难。属国与边疆之问题，朝臣疆吏尚未认清，传教视为风俗人心之害，信者有罪。其所重视而严管理者，则为商业。外人来至广州，住于城外商馆，不得购置产业，入城观光，不得自由与华人接谈，划船游园亦有限制。其尤严厉执行者，则禁外妇住于商馆，兵船驶入虎门。其他争执，尚有杀伤交犯等案。大体而言，中外人士相处尚安，其原因则外船来粤者，重视商业，安于现状。及英国东印度公司专利权废除，困难遂起，其详见于下章。

第二章

鸦片战争及善后问题

律劳卑来粤之交涉　交涉困难之原因　中英问题　烟禁　缴交鸦片　形势之严重　第一次和战　广州之役　英舰第二次北上　和约之成立　条约之重要　善后事宜　广州入城问题

律劳卑来粤之交涉　道光十三年（一八三三），英国会通过法令，取消东印度公司在华贸易之特权。英王任命律劳卑（Lord Napier）为商务监督，明年，商人自由来粤贸易。六月，（公元七月，以下省注公元）。律劳卑率其率员抵于广州商馆。两广总督卢坤闻知夷目抵澳，饬行商说其暂住其地。至是，行商谒见监督；监督不愿与之往来，称将直致公函于总督，明日，遣书记投递，不得。行商说其改用禀帖。律劳卑弗应，卢坤迭谕行商说其退出广州，亦不可得。行商进退困难，主张停止英商贸易。总督尚欲夷目悔悟，又得英舰二只泊于虎门外之报告，遣委员三人见之；双方争放坐椅，达二小时，及见，未有结果。七月末（八月），总督下令封舱，八月初（九月），英舰驶入黄埔，形势剧变，卢坤调兵严备。会律劳卑病疟，交涉由属员主持，英舰退出，律劳卑亦去广州。总督派船押其出口，复准英商贸易。

交涉困难之原因 今观交涉之始末，律劳卑为英国大员，奉命与华官往来，直接投递公函，而外人向用禀帖，例由行商传递，后因积弊丛生，乃许外商于城门投递，从无直接投递公函之例，倘许此请，则总督降而与夷目平等，信如卢坤之言曰："事关国体，未便稍涉迁就，致令轻视。"有丧国体，则罪甚重。就总督地位而论，亦决不能自卑也。公司驻粤领袖，名为大班，官称为夷目，先未奏报朝廷，而即住于商馆，卢坤倘不令其退出广州，将受处分。其处置方法，自当时立场而言，无可非议。律劳卑要求平等待遇，直递公函，原为国际上当然之例，而中外习惯不同，固难适用于道光初叶之中国也。律劳卑奉和平亲善之使命而来，乃徒造成恶劣之情状，惜哉！九月（十月），律劳卑死，其继为监督者，采取缄默政策。商人反对，请以武力改善待遇。道光十六年（一八三六），义律（Elliot）继为监督。

中英问题 其时中英问题，一为商欠。行商欠英商款项约三百万元，无力偿还，总督饬令分期摊还。一为烟禁。罂粟传入中国颇早，国人初用其汁制之成丸，用以治病，十八世纪，改食为吸，销路激增，尤以来自印度者为多，雍正七年（一七二九），输入年凡二百箱，（箱以百斤为多），嘉庆五年（一八〇〇），增达四千余箱。清帝迭下禁令，顾无实效。宣宗（道光）嗣位，外商不敢于黄埔及澳门贩卖鸦片，烟船泊于虎门外之伶仃岛，卸于趸船，贩烟者勾通兵弁，用船运银出洋，载烟入口，并有军械自卫。宣宗迭谕禁烟，加重罪名，而鸦片输入反而激增，道光十五年（一八三五），竟至三万箱，问题遂益严重。其先外船来粤，携带现银贩买丝茶，及鸦片销路日广，外商反有余款带回本国。清初纹银一两，换制钱八百，至此，增至一千六百文。官吏解银入京，乃致赔补，吸烟又足以破坏家庭，增加社会上之罪恶，而外商视为有利可图，莫不贩运来华。商欠则外商禀请总督核办，烟禁则粤官责令义律负责。义律就职之后，来至广州，外交部谕其不得擅用禀帖，又以烟禁问题，复至澳门。英国渐变政策。道光十八年（一八三八）东方舰队来粤示威，终以烟禁造成战祸。

烟禁 道光十六（一八三六）年，朝臣许乃济奏请弛禁，主张以货易货，庶塞漏卮，粤官奉旨覆议，奏称可行，朝中忽有异议。十八年（一八三八）夏，鸿胪寺卿黄爵滋请用死刑禁烟，宣宗谕交外省将军督抚覆奏，奏上，未有赞同弛禁者，廷议亦然，乃谕各省长官严拿罪犯，王公且有以吸烟受罚者。各省奉旨禁烟，粤督邓廷桢捕获烟犯，欲杀于商馆前以示威，因外人反对作罢。湖广总督林则徐覆奏，主张严刑禁烟，并拟订办法，实行保甲，查拿烟犯。于其管辖境内，严厉禁烟，成效昭著。十一月，宣宗诏授林则徐钦差大臣，查办广东海口事件。则徐入京陛见，帝谕邓廷桢合作。邓氏雷厉风行，并饬海外趸船离粤，外商推诿，几致封舱。明年正月二十五日（三月十日），林则徐来至广州。其禁烟办法，则晓喻外人以理，而并怵之以威，令其将趸船烟土尽行缴官。二月四日（十八），谕行商晓喻外人缴烟，并具甘结，永不敢带鸦片，如有带来，一经查出，货尽没官，人即正法。明日封舱。英商初托辞推诿，后愿交出一千余箱，钦差知其去实数尚远，惩罚奉行不力之官员行商，会义律来至商馆，形势一变。

缴交鸦片 义律住于澳门，及知钦差缴烟，冒险抵于广州，此十日（二十四）事也。于是谣言蜂起，钦差下令撤退商馆之雇员，添兵扼守要隘，断绝黄埔澳门往来信息。外人颇为惊惶，钦差催其交出鸦片。十三日（二十七），义律通知英商，报告鸦片箱数于监督，明日，禀报钦差共二万二百八十三箱，中有美商鸦片一千余箱。义律意欲联合美国一致行动，土耳其烟则未交出。报告箱数中有计算二次者，实则不足二万箱。钦差得禀，赏给商人食物，并欲义律具结。义律不可，心存报复，四月九日（五月二十一），鸦片缴清，后三日，率同英商退出广州，并求美商同去，美商不可。至于英商缴交之鸦片，林则徐奉旨销毁，乃于虎门外挑池，四月末开始销毁，颗粒悉尽。参观之外人，深赞钦差之公正。同时，各省严禁鸦片，广东成绩优于他省，政府另订禁烟新例，贩烟者死。

形势之严重 义律既至澳门，态度转而强硬，不肯议订禁烟章程，拒领赐赏之茶叶，不收钦差之批谕，英船贩运货物，概由中立国商船转运。船只泊于香港，五月（七月）末，水手饮于九龙之尖沙村，醉而棍杀林维喜，村人谓为英人。义律不理粤官之要求，形势趋于恶化。澳门葡官奉命不许英人居住，英人无法购买食物。七月二十七日（九月四日），义律于九龙开枪，死伤八人，强买物去。林则徐初以英国不敢启衅，中国断其粮糗淡水，即足以制其命，陆军非其所长，上岸即无能为，会知战无把握，新得不可冒昧偾事之旨，遣员与义律会商于澳门，颇有让步。九月，英船具结入港贸易，朝旨令其停止英商互市，钦差态度转而坚决，令义律交出林案罪犯，限英船三日内入港，或驶归国，否则焚烧。义律率同军舰二只，要求取消前令，九月二十八日（十一月二日），与广东水师战于虎门外川鼻岛，水师败入虎门，损失颇重。

第一次和战 义律缴烟之报告，八月达于伦敦，内阁承认义律越出职权之行动，及林案发生后之事变报至伦敦，政府决定用兵，实业界亦以为言，国会通过宣战，政府遣军舰陆军来华。道光二十年（一八四〇）五月，英兵船来粤封锁广州，其统帅兼专使则懿律（George Elliot）也。其统率之军舰十六只，炮五百余尊，武装汽船四，运输船二十七，陆军四千人，六月北上。其去广东者，非惧林则徐之设备，乃奉政府训令也。六日，抵于浙江洋面，攻陷定海。英国用兵专为达其和议条件，两次设法递送外相公函，均不可得，乃入渤海，进逼海河。直督琦善奉旨接收其公文，并与义律会商，争执焦点为赔偿军费。琦善求免战祸，以含浑隐约之辞答复，最后决定到粤后再议。八月，英舰南下，宣宗之意倾于议和，以为英人诉冤，查办后即可了事，战祸延长，沿海各省调兵设防，所费甚巨也。

英舰返至定海，病者甚多，专使与钦差大臣伊里布议定浙江休战后，南至澳门，琦善亦至广州。英方交涉，由义律主持，一索烟价，一请割让香港。和议决裂，十二月十五日（一八四一年一月七日）战起，虎门外炮台被毁，水师亦败。提督关天培请许其要求，琦善迫而许割香港，亲与义律会商，订成川鼻条约。条件远胜于南京条约，论者谓其裁兵，尽废守具，实无根据之讹言。林则徐时在广州，亦言战无把握。后与友人书曰："内地将弁兵丁，虽不乏久历戎行之人，而皆觌面接仗，似此之相距十里八里，彼此不见面而接仗者，未之前闻！……今此一物（指大炮）置之不讲，真令岳韩束手，奈何奈何！"宣宗初知义律要求，即主剿办，诏伊里布进攻定海，旋知虎门外炮台陷失，诏授奕山靖逆将军，杨芳隆文为参赞大臣，调兵入粤，后知琦善屈服议和，诏令押解来京，查抄家产。伊里布亦奉旨办罪。和议既成，定海英兵奉令撤回，宣宗谓为粤省声罪致讨所致。条约报于英国，内阁认为所得无几，将其否决，招回义律而以朴鼎查（Poltinger）代之。

广州之役　道光二十一年春，援军入粤，广东长官修筑炮台，义律认为蔑视和约，提出要求，二月初战事复起，炮台毁陷，虎门失守，关天培死焉。英舰驶入黄埔，战败水师及外省援兵，粤督迫而求和。会杨芳兵至，战亦不胜，再向义律乞和。闰三月（五月），奕山等亦帅兵至，四月夜间袭击，战又大败。英军乘胜攻城。奕山应粤人请愿，遣员议和，其主要条件，则援兵限期离开广州，交出六百万元，作为广州赎金，英舰退出虎门，屈服无以复加。言者犹夸张三元里义勇围困英酋之事，实则英兵奸一妇人，村民聚众，粤官出而弹压而已。广州兵败，宣宗知之，以为和局已成，置而不问，饬令沿海各省裁撤军队，会闻海风大作，淹毙"夷匪汉奸"浮尸满海，发大藏香以谢海神，不知朴鼎查至，祸又作矣。

英舰第二次北上　六月（八月），朴鼎查来粤，舰队奉命北上，有兵舰十只，汽船四只，陆军二千五百余人，七月，攻陷厦门，留船守鼓浪屿而去，再陷定海，八月，进攻镇海，陷之，钦差大臣裕谦自杀，不战而得宁波，遣船至慈溪、奉化、余姚，测量水道。宣宗闻知败报，诏授奕经为扬威将军，督军应援，明年一月，援兵抵浙，奕经划定作战计划，分路进攻。其时朴鼎查南至澳门，英兵待援进攻，至是，击退清兵，追杀甚惨。宣宗得报，意渐转变，起用伊里布，不准杀害捕获之逆夷汉奸。其尤使之失望者，迭谕奕山乘机往攻香港，而奕山终不敢动，实则渡海往攻，必无倖胜也。三月二十七（五月七日），英军退出宁波镇海，往攻乍浦，陷之。浙抚刘韵珂再请议和，奕经送还俘虏，而英船先已他驶，四月末（六月），驶近吴淞，攻陷炮台，两江总督牛鉴先逃，提督陈化成战死，乘胜进至上海。朴鼎查率援兵至，于是共有军舰二十五只，汽船十四，大炮七百余门，运输船犹不计焉。作战兵士约七千人，五月末上驶，未遇抗拒，直抵镇江，六月十三日（七月二十），战败守兵，攻陷县城，船再上驶，七月初，直抵南京，乃订和约。

和约之成立 宣宗于浙东败后，意始转变，及英船驶入长江，始命耆英议和。耆英为帝亲信，奉命入粤，及至浙江，奏请议和，故有此命。会镇江失守，命其便宜行事，且曰："但期有成，朕亦不为遥制。"其主和之原因，固由于战败，而国内情状之不安，匪徒乘机作乱，亦促成之也。耆英伊里布迭函英使请和，英使复称全权大臣来商条约，即可罢兵。耆英复称钦差与全权大臣无异，和议开始进行，由布政使黄恩彤等往议。朴鼎查提出条件，争执有三,一、福州开放，二、行商废除，三、外人挈眷同住。英使不肯让步，终许其请。七月二十四日（八月二十九），条约于英船上签字，是为《南京条约》，共十二条，其要款如下：一、开放广州、厦门、福州、宁波、上海为通商港口，许英商贸易，眷属居住，并准其设置领事。二、割让香港。三、赔偿烟费六百万元，商欠三百万元，军费一千二百万元。四、废除行商。五、往来文书，概用平等款式。

条约之重要 综观战争之始末，中英之冲突已久，其根本原因，则为中外礼教之不同，又无适当解决困难之机关与途径，误会益多，烟禁直其导火线耳。虽然，条约为烟商索烟价，论者谓为鸦片战争，亦有所见。自战斗力而言，中国远不及英，决无胜理，奈时人不知英国状况何？战败结果，订成《南京条约》。其重要则解决一部分之争执，为中国开关之起始，渐而与列国发生寻常之国际关系。不幸当战败之后，丧失主权之条约，次第成立，言者谓为不平等条约之开始。要而言之，固改变中国国际关系之重要条约也。条约成后，其有待于解决之问题尚多，兹分述之于下。

善后事宜 一、善后条约——通商章程说定于广东再议，明年议成，二国又订《虎门条约》。美法闻知中国开港，各遣使来粤。道光二十四年（一八四四）春，美使顾盛（Cushing）抵粤，与耆英会商，夏间订成《望厦条约》。俄而法使亦至，缔结《黄埔条约》。中国准许小国享受商业上之权利，间有许与订约者。条约之中，以《望厦》为最重要，损失亦最大。外人享受之权利，以最惠国条款之故，可谓相同。其他主要条款凡四：（一）领事裁判权；（二）关税协定；（三）兵舰驻于商港；（四）十二年后修改条款。其未载入约中而关系至巨者，则应法使之请，旨许免拿中国习教之人也。虽此禁从前并未实行，而明令弛废教禁则始于此时。

二、五口开放——广州为议商税则之地，首先采用新税率，粤人不许外人入城，造成严重之局势（其详见后）。其他商港以上海开放为最早，地方官许外人于城内租屋，后则划定其居住区域，是为租界之起始，更以内乱丧失管理之主权。宁波福州厦门商业均不发达，外商至者甚少。

三、香港与澳门——香港割让于英，中国尚未丧失管理往来船只之权，不幸粤官置而不问，丧失主权。澳门初为外人唯一居住之地，至是，香港与之竞争，香港为自由商港。澳门有华官征税，乃处于不利地位，葡官提出要求，朝廷不许，终遂驱逐华官吏，封锁海关，不交地租。

四、鸦片——烟禁促成战祸，战后禁令如旧，而官吏视为具文，烟商公然贩卖于广州上海，道光三十年（一八五〇），增达四万二千余箱。英属印度政府视烟为大宗收入，朴鼎查等力劝钦差奏请弛禁，奏上，宣宗皆不之许。烟禁弛废之实状，帝盖不知。

广州入城问题 自订约开港后，外人来华者益多，时值英国工业发达时期，二国有轮船往来，恢复闭关状态，断不可能，而朝臣疆吏从不认识环境之剧变。宣宗之批准条约，则受群下之恐吓，以为兵力不能战胜外国耳。士夫清议，更始终反对和议，而亦别无良策，唯造讹言诋毁主和之大臣而已。于此期内，中外争执自不能免，其最严重者，当推广州入城问题。南京条约未有入城之文，而上海等地许外人住于城内，粤人气甚壮，力反对外人入城。耆英布告开放广州，市民起而暴动。英国考虑后，允许缓期入城，要求中国不割让舟山群岛于他国，耆英许之，问题暂告解决，然与粤人争执迭起。道光二十七年（一八四七），英采积极政策，兵舰突入黄埔，耆英屈服，许其要求，广州于二年后开放。后徐广缙代为总督，不肯如约开放广州，乡勇团练驻守要害，严防英人入城。英国以为粤人反英之气盛，强迫入城，终无所得，未有举动。徐广缙奏称胜利，宣宗诏赏官绅，报至英国，外相训令英官提出严重警告。文自上海白河投递，终无结果，双方之误会益多，更以其他事故，造成二次战祸。

第三章

太平天国之兴起

祸乱之酝酿　上帝会　太平军攻扰六省　两军之战守　北伐之失败　太平军之西上　湘军出征　两军之形势　内讧　军纪之比较　宗教思想　官制　田亩制度　禁令　国内之纷扰　人民之痛苦

祸乱之酝酿　祸乱之原动力酝酿已久，一为人口激增，耕地有限，关外旷地尚禁人民开垦，其往海外经商者，亦为法令所禁。洪亮吉尝谓人口增加，游手好闲者数十倍于前，遇有荒灾固不肯束手待毙，乃勾结会党，乘机举兵。秘密会社于中国社会上之势力不可轻侮，历史上之大乱，莫不与之有关，乾嘉之世，已数起而为乱。乱平，而潜伏之势力并未消灭，西南以三合会之徒众为多，长江一带则以哥老会为盛，北方则教匪之势力较强。鸦片战争期内，各省匪徒有蠢蠢然欲动之势，疆吏朝臣尝以之为言。道光三十年(一八五〇)，宣宗病死，子奕詝嗣位，明年改元咸丰。其初嗣位也，诏求直言，朝臣上疏言事，均言吏治腐败，有司贪墨，政治之积弊深痼，固促成祸乱之一原因也，乃予洪秀全起兵之时机。

上帝会　洪秀全生于广东花县，住于乡村，家境穷困，读书应试，屡不得售，尝于广州得教士编述之书，会病，见有异象，以为得见天父与耶稣。耶稣为天父长子，己为次子，与其徒冯云山入广西浔州传教，创设上帝会。言者谓其创于朱九涛，实不足信。其教义至为简单，信如李秀成曰："世人肯拜上帝者，无灾无难，不拜上帝者，蛇虎伤人。敬上帝者不拜别神，拜别神者有罪。"后洪秀全返家，冯云山传教，信者渐多，毁坏神像，引起绅士之反对，其领袖乃秘密活动。其时湖南匪徒逃至广西，广西多山，地瘠民穷，匪徒滋扰之结果，一则农民不能安耕，一则创办团练。团练各自成派，常相械斗，道光三十年六月（七月），洪秀全利用之举兵。其发难也，与其党杨秀清等合谋，上帝会徒多不之知，迫而从之，起兵后匪党客民应之，有众数千。

太平军攻扰六省 洪秀全举兵，官军方剿他股匪徒，乃至坐大。其滋扰之地，初在浔州府属各县，如桂平武宣等。巡抚郑祖琛老庸，力无能为，遣兵攻之，不胜。朝廷调兵会剿，亦无功绩，大员且多死亡，统兵诸将又不和协。明年，洪军攻下永安（今蒙山县），建国号曰太平天国，自称天王，封起兵同志五人为王。其最重要者当为东王杨秀清、西王萧朝贵。二人出身穷困，一称天父下凡附于其身，善谋能断；一谓耶稣下凡附于其身，忠勇善战。官军围城，久不能下。咸丰二年（一八五二）洪军突围而出，进攻省城桂林不下，率众进犯湖南，所至城破，独长沙未陷。其入湘也，众至十数万，惟冯云山萧朝贵战死耳；乃犯湖北，明年，沿江而下，如入无人之境，二月（三月），攻下南京，遂奠都焉，号曰天京。其战胜之主因，一则官军不堪战斗，一则太平军死中求生。其人或贪慕富贵，或为会党，尚有家人在军，唯有力战而已，据其宣传，胜负定于天父，死则且为升天也。就两军纪律而言，太平军胜于清军，愚民迎之；清兵每至一地，商民往往罢市。

两军之战守 清帝文宗（咸丰）嗣位数月，即有大乱。叛乱之起，虽非一人一事之故，要当振作，帝好女色，旗人家无见粮，尚不恤其艰苦，亲选秀女，其亲臣多为宗室，亦无才能，其诏命督师之大员，多为文官。朝廷求功太急，唯责其进剿，固无军事计划，亦不知当事者之困难也。统将进剿或赴援无功者，即奉旨办罪。其较能战者，一为向荣，所部为绿营，一为江忠源，所部为勇。顾其人数太少，未有大功。向荣初为主将所厄，后则尾追太平军，收复其放弃之诸城，及洪秀全定都南京，向荣所部亦至，驻扎孝陵卫一带，是为江南大营。方太平军进陷武汉，文宗诏琦善统率旗兵，中有黑龙江骑兵，扼守河南，阻其北上。及太平军东下，乃驰赴江苏，后称江北大营，其战斗力尚在江南大营之下。

北伐之失败　洪秀全既据南京，不肯悉众北上，遣将李开芳东陷镇江，渡江进据扬州，会琦善兵至，不得沿运河而北，乃绕道行，出安徽，扰河南，入山西，突攻直隶防军，迭陷要城，直逼天津，不胜，南陷静海，筑垒固守。李开芳之北伐也，未据城邑，或设官治理，同于流寇。北方人民强于南方，恶其劫粮胁众，不为之助。南北气候迥异，粤人不惯居于地冻水冰之北方，又无过冬之服装，乃大处于不利地位。清将僧格林沁督兵围攻，咸丰四年（一八五四）春，李开芳突围而出，逃入山东，清军颇有斩获，天王遣兵赴援，为清将胜保所败，明年北伐军全没。其在江苏，太平军据有镇江扬州。镇江以东全为清廷统治疆域，上海小刀会作乱，遣使乞援，天王弗应。及李开芳北伐，江北大营力攻扬州，守兵退守瓜州，会小刀会平定，清兵自上海来攻镇江。江南大营驻于南京城外，未有若何重要战绩。天国诸王初殆淡然视之。

太平军之西上　天王既遣军北伐，又命兵西上，再陷沿江要城，直攻江西。值江忠源奉命东下，乃助守南昌，飞召湘勇赴援，罗泽南率勇前往。罗氏原为书生，兴办团练，剿匪有功，至是，出省应援，初战不胜，改剿股匪，平之。南昌则以江忠源之力，得未攻下。九江则为太平军所陷，乘势而上，江氏赴援亦不能胜。太平军直入湖北，分兵四出，不胜，退回安徽。其在皖北者，势颇张旺，江氏往援，困于庐州，城陷而死。鄂督来战，咸丰四年（一八五四）一月，兵败而死，太平军乘胜再陷汉口，分军而出，一往湖南，曾国藩乃率兵讨贼。曾氏久官于京师，学问文章，颇称于时，会以母丧告假在籍，朝廷令其督办团练，又以友人之劝说，始往长沙练勇，饷糈出自捐输，大为绅士所恶。兵又与勇械斗，迫而移居衡州，一面分兵剿平股匪，访拿恶棍，不顾残酷之名，而以严刑杀之，一面创办水师，至是统率一万七千人，自衡州出发，公布讨贼檄文。内容则列举太平军之罪状，如抢劫掳人，破坏名教，谕民捐输，久陷贼中者自拔来降。檄文虽有夸张曲解之辞，所言之罪状，要多事实。

湘军出征　曾国藩统兵出战，两次败退，投水自杀，为从者所救，回归长沙。论者谓勇无用，徒废民财，主张解散，会湘潭大捷之报至，太平军迫而退守岳州。湘军重行整顿，罗泽南奉命回湘，胡林翼亦督军助战。胡氏官于贵州，奉命募勇，所部黔勇时在湖南，故与曾国藩合作。六月，大军二万人水陆前进，击败拒抗之敌军，不战而下岳州，攻陷城陵矶，进至湖北，收复武汉，焚毁敌船千只，兵势大振，沿江东下，半壁山之战尤为激烈，太平军败逃。湘军进至江西，围攻九江。翼王石达开统兵西上，沿长江北岸而进，战败防兵，咸丰五年（一八五五），再陷武汉三镇。湘军方屯于九江城下，撤师不得，乃遣胡林翼罗泽南先后往援，明年，罗氏进攻武昌，重伤而死，胡林翼仍督师围攻。及冬，守军弃城而逃，胡林翼时任巡抚，自此而后，湖北始渐巩固。江西则以石达开之回援，城邑多破，曾国藩困于南昌，颇濒于危。

两军之形势　就上所叙之形势而言，咸丰六年（一八五六），北伐军业已消灭。上流两军战守互相胜负，太平军失地较多，要处于不利地位。江苏省内，清军先已收复扬州，方力围攻镇江。江南大营尚在城外，其主将不理内应者之建议，坐失时机，不足有为，然可阻碍交通，妨害粮运，且有利用事机袭入城中之危险，固所谓心腹之患也。于此情状之下，天京之粮日少，形势趋于严重，东王杨秀清遣将李秀成率兵往援镇江，大败围兵，乘胜渡江，战败江北大营，再陷扬州，顾未分兵防守，弃之而去，回师攻击高资（镇江西）守兵，杀巡抚吉尔杭阿，乃攻江南大营。大营分兵往援邻县，兵力单薄，城内又出兵夹攻，势遂不支，兵卒溃散。主将向荣退至丹阳，李秀成追之，于是太平军之势一振。

内讧　方李秀成之追败兵也，天国诸王竞相残杀。初西王、南王战死，余有三王，东王杨秀清，机巧善断，掌握军政大权，尝托天父下凡，欲杖天王，又称天父命其佐治天国，有取而代之之意。天王则深居宫中，颇有失德，臣下呼为万岁，东王则称九千岁，与之相去一阶耳。其共同举兵之北王韦昌辉、翼王石达开莫不惮之。据《天父下凡诏书》，北王在东王府议商政事，尚不敢多言，相见且须请安。据《李秀成供》，北王翼王恶其专政，谋欲杀之，原意只杀东王，乃东王死后，北王大杀其异己者。翼王几不免难，缒城出逃，率兵来讨，天王杀韦昌辉始已。翼王入朝，天王忌之，遂统兵外出，行止无定，同于流寇。天王于此变后，不信臣下，重用其亲，其亲毫无才能，朝政日坏，识者知其将不能久，有解散之意，而官军不肯赦免老贼。粤人唯有死斗，战争延长而已。

军纪之比较　自洪秀全起兵，迄于诸王内讧，时约六年，战争或滋扰区域凡十数省，两军攻守城邑者，先焚城外民房，以免敌兵利用掩避，武昌、南昌等城均有其例，且强城中壮丁助守。大军经过之地，抢掠拉夫自不能免，官军纪律废弛，扰民之甚，初远过于太平军。潮州勇丁入湘，无恶不作，湘人恶之之深，追念太平军之不扰民，曾国藩作文纠正绅士之观念，则其证也。又如湖北官军所过之城镇，商民辄相率罢市，太平军至，贫民有迎之者。《贼情汇编》称为悖逆，而不为之稍讳，盖当太平军初起之时，各县仓有积谷，农民安耕，中等之家亦有余粮，沿途掠粮尚不苛求，并常以其剩余分给贫民，拉夫虽亦为之，然行一二日程，许其还乡，财货则多取之于官绅富户。军中遵行天律，严禁奸淫，故不为贫民所恶。及后战事延长，人民无力进贡，抢劫至为惨酷。此乃形势变迁，非搜劫罄尽，难以维持军食也。

宗教思想　洪秀全起兵之初，颇借宗教迷信之力，鼓舞战士，自称天父次子，耶稣之弟，天父天兄常接其上天，万事由其作主。杨秀清诈为天父下凡附于其身，指言人私有若神明，萧朝贵则称天兄下凡附身，激励将士作战。其刊行之《天父下凡诏书》及《三字经》等莫不牵强附会，以宗教为号召，求达政治目的。其立国也曰真天命太平天国，及奠都南京，称为天京，法曰天法，律曰天律，历曰天历，军曰天军，民曰天民。朝廷之上，杨秀清称天父下凡，数天王失德，并欲杖之，朝臣哀求，天父不许，天王伏而受杖，天父始许免杖。太平军每至一地，常搭高台，讲演道理。其所谓道理，一指天父遣子下凡灭妖，一则说明天律。天律仿自《旧约》摩西《十诫》。其敬拜上帝耶稣圣灵之礼节，尽为国内固有之习俗。简略言之，天国领袖之宗教思想，盖利用民间之迷信，牵合于耶稣教之教义。洪秀全虽尝受教于美教士，然时甚短，殆无若何之重大影响于上帝会也。

官制　天国之政体为专制集权政府，天王名义上总揽一切大权，事实上深居宫中，少见群臣，军权政权均握于东王杨秀清之手。其官职则为军师，其下为副军师，萧朝贵、冯云山初授此职，军师原为小说上之名称，秘密会常或用之。其下设官甚多，上下之分森严，官以王为最尊，其下为侯、丞相、检点、指挥、将军、总制、监军、军帅、师帅等，每一官名，设官繁多，职权往往不同。奏事则官禀报上司，按次传转达于军师，由其转奏天王，谕令亦次第传转，达于执行官员。其弊则官员太多，传递稽延，盖当立国战争之际，多授官职，便于号召也。天王宫中及各王府均有女官，宫中朝中不相往来，言语不准互传，传者罪斩。臣下“谈及后宫姓名位次者，斩不赦也”。朝中忌讳甚多，隐语亦夥，其立国久暂，决定于军事胜负。天国定有营制营律，初亦严峻，其兵多为会匪，后则强民入伍，人数先后不同，要多缺乏操练，战斗力殊低也。

田亩制度　太平天国之领袖，多出身穷困之家，深知多数农民生活之困苦，谋一救济之办法。其理想社会，则“天下共享天父上主皇上帝大福，有田同耕，有饭同食，有衣同穿，有钱同使，无处不均匀，无人不饱暖也”。其办法分田为九等，曰上上、上中、上下、中上、中中、中下、下上、下中、下下。上上之田，每年一亩，收谷一千二百斤，其下以百斤为差。凡十六岁以上者受上上田一亩，或下下田三亩，十五岁以下减半。此种计划，盖受古所谓井田影响，井田划一整齐，而土地限于山陵河泊，非地广人稀之区域，决无实现之理。及人口增加，非得广大人稀之新地，终将崩溃，无法维持。孟子倡言井田之后，识者深恶兼并之家，往往主张均田，王莽改革失败，北魏孝文亦行均田，北齐、隋、唐亦尝踵行。顾以人口之增加，终复崩溃。天国制定田亩制度，而国内田亩人口之确数均不可知，时当战争之际，方榨取于民，固无法实行，亦无求其实现之诚意。

禁令　其他改革尚有消极禁令，兹略言其主要者于下。（一）禁娼——洪秀全起兵之初，严禁男女往来，及奠都南京，创设女行（即女馆），安置无依赖之妇女。凡不嫁人又不入馆者，罪或至死；其弊之极妇女于夫新死，即奔从他人，其原意则防娼妓也。民间夫妇成婚之后，不许离异，统治阶级固得纳妾。（二）禁烟酒赌博——三者均为社会上消遣物品。烟则吸之成瘾，尤以鸦片为害为甚，酒则多饮有伤身体，赌则荡产倾家，天王概严禁之。顾国内娱乐之种类甚少，非有代替之物品，禁令徒为具文耳。（三）毁偶像——上帝会不拜别神，凡太平军所至之地，无不毁坏佛寺及美术上珍贵之建筑物，有形之偶像虽毁，而人民之信心固未一旦遽变。

国内之纷扰　战争既久，城邑往往空虚，不能剿平小股土匪，土匪多为地方无赖，于太平军未至之先，聚众掠粮，称为进贡，及其去后，假其旗帜，滋扰乡村，所在皆是。盖当用兵之际，政府之威信丧失，无赖无所畏惧，人民失其遵守法律之精神，附乱者益多也。且祸乱之酝酿已久，会党领袖及不满意于政府之少数民族乃乘时举兵。其在北方，捻匪之势力颇盛。捻之原义今不可知，初为掳人勒赎之土匪，至是以安徽淮河一带为中心，出扰山东、河南，与太平军合作。新疆有外匪窜入，西北回人有不安之势，云南回人时已起兵，贵州苗人亦乘时为乱。广西自太平军北上，官军追之，小股土匪因之大起，所在皆是，广东、福建等省亦有叛乱。沿海诸省又有海盗，商船非私出钱，或由外船保护，多遭抢劫，长江内亦多盗船，国内几无安乐之土。

人民之痛苦　人民于扰乱区域，难于耕种，或死于饥馑，或死于逃亡，或死于兵火，或死疾疫，尤以女子死者为惨。其人重视贞操，有恐失节先自经死者，要以中级社会为多。民间财产之损失，更无法计算。清廷以田赋之收入锐减，而兵饷之支出反多，陕西等省奉旨预借钱粮，官吏更藉端剥削贫民。人民不堪，有聚众滋事者，统兵大员常以军粮无着，强绅富捐输，或创厘金扰商病民，后且遍于国内。其他苛捐杂税名目繁多，北京税及贫民住房，则其例也。政府无铜鼓铸制钱，民间收藏纹银，货币不敷流通，清廷又以财政困难，发行不兑现之纸币，鼓铸铁钱，强民使用，货值因之提高，商业几至停顿。河南、山东、江苏又受咸丰五年（一八五五）黄河改道之影响，民益贫苦。黄河先夺淮水故道入海，泥沙淤积，河身渐高。斯年大水，自河南开封铜瓦厢决口，夺山东大清河道入海，官吏置之不问。淮水储于洪泽湖，自运河入江，肥沃之地，淹没于水中，今始着手疏导。

第四章

咸丰朝之外交

外交之形势　修约之失败　亚罗事件　战争之起始　教案　广州之陷失　四国天津条约之成立　主要条款　天津条约之重要　衅端之再起　联军第二次北上　和议之困难　北京条约之成立　爱珲条约　中俄北京条约　外交损失之主因

外交之形势　咸丰帝（清文宗）嗣位，对外改变抚绥政策，采用强硬态度，追论先朝议和之失，处罚主和或议和大臣，起用于台湾杀害英商之姚莹。朝臣称其英断，以为方可驾驭夷人，乃后丧失之权利，屈辱之情状，过于鸦片战争。其困难则在朝廷上无人认识环境之变迁，新时代之进步，岂能决定大计，解决外交上之问题。其时中国新与美、法等国订约，许其十二年后修约，英国以广州不许外人入城引起严重之交涉。法人保护教士，而内地官吏，怀疑教士，往往发生事端。俄与中国接壤长逾万里，五口开放之后，朝廷尚不许其商人至海口贸易。俄自经营亚洲属地以来，遣人至黑龙江下流探检，谋欲修改界约，将其占并，兹分言之于下。

修约之失败　英国自工业革命以来，亟欲于中国广求市场，乃以贸易限于五口，税则太高为憾，谋欲利用最惠国条款，修改条约，扩张贸易之机会，咸丰四年（一八五四），值当改约之期，商得美、法同意，共同进行。三国代表初向钦差大臣叶名琛交涉，未有结果，改商于两江总督，朝旨不许。英、美二使北上，船抵大沽口，要求与全权大臣议商修约，朝饬盐道交涉，谕其不得轻有允许，英使要求公使驻京，外商得于内地购买地产，多开商埠，及修改税则等。美使条件与之相同。奏报朝廷，文宗称其荒谬，对于主要条件概不之许，后二年，三国使臣照会叶名琛再请修约，为其所拒。美使北上，交涉仍归于失败。中国时称条约为万年和约，美、法条约中有修改之规定，原为因时稍为变通，朝廷不欲多所更改，而三国要求关系重大，双方之意见悬殊，故无结果。英乃谓中国不肯遵守条约，非以武力，不能修约。其政府商于美、法出兵中国，武力修约，后得亚罗事件之报告，益有所借口。法国则因教案，与英合作。

亚罗事件　初沿海渔民抢劫船只，渐而变为有组织之海盗，造船置炮，声势张旺，水师从不敢出海缉剿。鸦片之战，广东水师败没，海盗益无所忌，其领袖多住于香港，粤官乃常怀疑香港之水手。政府无法剿平海盗，商人出款交给外商，由其保护，流弊滋多，英、法领事后禁本国商人干与。香港政府定有华船注册章程，此乃侵犯主权之举动，而叶名琛昏庸未有抗议。亚罗为华商船只，曾向香港政府注册，船长例为外人，中有中国水手十四人，泊于黄埔。咸丰六年九月（一八五六年十月），粤官巡江，见船挂有英旗，登船执水手十二人去。船长报于领事巴夏礼（Parkes）。巴夏礼出而请其放还，不得，致抗议书于叶名琛。

战争之起始　叶名琛久官于粤，自巡抚擢至总督，平日轻视外人，不肯与外使相见，至是，覆称中有海盗三人，交还九人，巴夏礼不可。双方辩论，各不让步，英领方面预备作战，提出最后通牒，叶名琛迫而交出水手，巴夏礼称其未照条件交还，不受。英舰奉命开炮轰炸城墙，毁民房甚多，叶名琛调兵固守，坚持如故。英舰之轰城也，未有政府训令，初不过威吓叶氏欲其让步，解决争执耳，而叶始终不屈，大失所望，回归香港。粤官悬赏斩杀英人，团练杀一英人，英军即焚全村。于此仇杀报复期内，粤人火焚商馆，叶名琛奏报朝廷，多所讳饰。文宗饬其不为已甚，许英乞和。英国政府先已商于外国武力修约，及得报告，视为用兵之机会至矣，而下院否决出兵之议，内阁将其解散，新选之议员，通过议案。政府遂与法国联合出兵中国。法国出兵之理由，则为教案。

教案　耶稣教创于犹太人耶稣，其后派别繁多。其先入中国者为景教徒、天主教徒。景教于唐时传入，天主教先于元代传入，后于明末再至中国，其后皆受政府摧残。清自十八世纪中叶，严禁邪教及秘密会社，而神父仍有潜入内地者。鸦片战后，中、美条约许美建筑教堂医院于五口，法使至粤进而要求废除教禁，其理由则天主教劝人为善，并非邪敦。钦差大臣耆英为之奏请，上谕许之，并发还天主堂旧屋于教徒。事实上朝廷之让步，则为抚绥之计，谕旨固未公布。教士传教限于五口，而天主教神父潜入内地，其为官吏发现递解至粤者，时有所闻。咸丰三年（一八五三），有马神父者私往广西西林传教，县官初不之问，后三年被杀，领事得报，提出要求。粤督方面所得报告，谓无其人，“只有惑众拜会抢掳奸淫之林八马子农等”，月日又不相合。双方各执一辞，真相究不可知。法皇拿破仑第三认为中国杀害教士，又以英国之请，决定出兵中国，诏葛罗为使臣。英王委任额尔金为使臣。咸丰七年（一八五七）二使东下。

广州之陷失　额尔金先至香港，时印度军队叛乱，来华之军队无几，未有活动。其时俄使普提雅廷、美使列威廉亦先后来粤。俄国闻知英、法出兵，借助中国之名，改订东北界约。初克里米战起（一八五四年），俄遣船运兵防守海口，官员阻之，不得，反而要求据为已有，朝廷弗应，乃令黑龙江北岸屯户移居南岸。至是，普提雅廷来津，不遂所欲，南至香港。美国原与英、法合作，要求修约，及是，不应英国出兵之请，然仍欲得商业权利，故亦遣使来粤，会葛罗亦至。十月，英、法二使议定先攻广州，向叶名琛提出要求，为其所拒，十一月，提出最后要求，亦置不理。十三日（十二月二十八），联军攻城，军士共五千余人，守兵拒战，团练助之，皆大败逃，明日城陷，叶名琛被捕，后送往印度，死于其地。英军夺取库金，复令巡抚柏贵为长官，下设委员会佐之。朝廷得报，命黄宗汉为钦差大臣，办理夷务。

四国天津条约之成立　明年，四国专使各致照会于军机大臣，要求于上海议订新约，否则北上。朝旨答复。英、法、美使，称已委派黄宗汉，可回广东交涉，对于俄使饬其即往黑龙江勘界。专使认为不满，二月乘轮船北上，直达大沽口，直隶总督谭廷襄时在天津。英、法二使要求全权大臣议商条约于天津或北京，朝旨不可。美使列威廉与谭相见，议商条约，未有所成。二使态度益形强硬。普提雅廷出而调停，亦无结果。军舰奉命作战，攻陷大沽炮台，扫除白河障碍，驶抵天津。文宗无奈，始诏大学士桂良、户部尚书花沙纳赴津，并饬蒙古亲王僧格林沁于通州设防。耆英俄亦奉旨赴津出席会议，英、法二使均不之理，并受英使译员之侮辱。会议乃由桂良、花沙纳办理，中、俄条约首先成立，美约次之。争执最烈者，则为英约中之三款，一、公使驻京，二、开放长江口岸，三、内地游历。英使乃以进兵北京为恫吓，桂良迫而尽许其请，签定条约。明日，中、法条约成立。至修改税章，则在上海会议，此五月事也。

主要条款　文宗批准条约，原非得已，乃欲于上海改约。其办法则中国海关不收税银，外国放弃公使驻京及长江通商等款，诏桂良等往议。两江总督何桂清力持不可，未能提出。其时中国国际贸易，英占三分之二，关税会议由英委员主持，桂良等不过承认而已。修约未能成功，反许额尔金乘坐兵舰驶往汉口，无怪文宗愤怒也。关税章程同于条约，又一重大损失。四国天津条约载有最惠国条款，凡许一国享受之权利，其他缔约国亦得享受。其主要条款凡八：一、公使驻京；二、开放牛庄、登州、镇江、南京、九江、汉口、台湾、淡水、潮州、琼州；三、内地游历；四、传教；五、关税协定；六、领事裁判权；七、鸦片弛禁；八、赔偿英商损失费二百万两，英、法军费各二百万两。

天津条约之重要　今观条约之内容，天津条约可谓重要。一则改变中国之国际关系。中国先无驻外公使，外使亦不得驻京，遇有交涉事件，无法直接协商，误会因之时起，朝廷坚持反对者，囿于传统思想少见多怪也。多开商埠，内地游历，亦为中国进一步之开放；先进国原无所谓商埠，入其国者经商游历，多能自由，我们仍有限制。其不同于我国者，一无租界，二外船不得驶行内河，或享受沿海贸易免税之权利。开放之十商埠，登州后换烟台，南京、琼州开放较迟。一则权利损失之重大，其明显之例，当为协定关税及领事裁判权。二者虽非始于天津条约，而天津条约实有进一步之规定，如船钞减轻，海关雇用外人，外商贩运进出口货，纳一子口半税，即可免去厘金，其税率为百分之二点五，而本国商人反纳重税。领事裁判权规定外人及其财产处于被告地位，概按本国法律归其领事或法官审判。传教先已弛禁，条约上之明白规定，则始于天津条约。鸦片弛禁乃应英国之请，每石征税三十两银，仍须交纳厘金。其他条款，殆无说明之必要。

衅端之再起　初联军退守天津，僧格林沁移军设防于大沽，建筑炮台，并置木桩以防轮船。及修约失败，文宗诏称“该夷北来，我兵必先开炮，”而英使毫不介意，仍欲入京换约。朝旨改变，许其入京，但自北塘上岸。咸丰九年（一八五九）六月，英使卜鲁士（Bruce）北上，兵船十六只同行，法使、美使亦同入京，及船抵大沽口，要求撤去防具。直督恒福时驻北塘，请其自北塘上岸。英使之来，兵船卫之，原有作战之意，不理恒福之请，兵船发炮，水兵上岸。守兵应战，击沉兵船四只，重伤者六只，死伤四百余人。文宗得报，仍谕恒福请其换约，恒福致送照会。英法二使不应，美使许而从之，俄使时已入京，美使不肯觐见，国书由桂良转递，换约则在北塘。

联军第二次北上　英船战败，南至上海。其地中外贸易如常，官绅密与英商议定和平办法，文宗态度忽转强硬，事遂不谐。其时英、法二国，以欧洲问题，难于合作。英外相主张和平解决，及知清廷欲废津约，二国乃再合作。咸丰十年（一八六〇）二月，二国预备用兵，提出要求，文宗将其驳斥。英、法兵船，遂禁漕船北上，并驻兵于定海、烟台、金州。朝旨忽又改变，严谕将士“不可贪功挑衅，致误抚局”，顾不知如何进行。会额尔金、葛罗来华，英、法军队预备作战者共一万六千余人，六月十五日（八月一日），自北塘登岸，进攻守兵，所向克捷，七月初，进据天津。僧格林沁退守通州。方联军之前进也，恒福迭送照会，请二使入京会议，未有结果。帝命朝臣文俊、恒祺伴送二使入京换约，亦为其所拒绝。及大沽炮台失守，帝授桂良恒福为钦差大臣，及桂良抵津，而联军已据天津。

和议之困难 桂良至津议和，二使则称会议无可再商，只有允许所请，各派委员交涉，巴夏礼与焉。巴夏礼精通华语，交涉由其主持，要求四项：一、开放天津；二、驻兵大沽口；三、使臣带兵入京换约；四、赔款先给现银二百万两。桂良初持异议，后多迫而许之，奏报朝廷，文宗愤怒，尤不愿外使带兵入京，及交现款，以为外兵入京，祸将不测，给与现银则夷兵得饷，势将益横。其困难之症结，则中外之情隔阂，互相疑忌也。帝斥桂良等丧心病狂，“是直举国家而奉之”。桂良奉旨申斥，改变态度，于是和议绝裂。联军前进，帝命怡亲王载垣为全权大臣，一面诏僧格林沁迎头痛击，阻其行至通州。载垣与巴夏礼等会议于通州，和议将成，乃以使臣入觐，面呈国书，复行决裂。清兵捕囚巴夏礼等三十九人。联军进攻，禁军败溃，文宗诏弟恭亲王奕䜣为全权大臣。

北京条约之成立 奕䜣初持战议，反对公使驻京，及奉旨议和，照会二使先行停战，二使请放巴夏礼等，各不相让，交涉未有进步。文宗自京逃往热河行宫，联军军火不足，待接济到后，方始进攻。奕䜣不肯释放巴夏礼者，盖视为联军谋主也，囚之于刑部大狱。文宗初欲杀之，后谕送还，奕䜣不可。联军军火运至，以为文宗尚在圆明园，下令进攻，击败守兵。法军首先入园，搜去珍宝，英军亦有所得，奕䜣出避。八月末（十月），联军致最后通牒，要求释放巴夏礼等，并请开放一门，留京王大臣迫而释放巴夏礼等十八人，余已死于狱中，又开放安定门。明日，奕䜣回京，照会二使换约，二使议定恤金，英三十万两，法二十万两。额尔金主张焚毁圆明园，葛罗要求交还天主堂及教士坟墓。英军奉命焚园。而条约所要求则奕䜣尽许其请。九月初，中英、中法北京条约成立。除上言条件外，其重要者，一、英法军费各增至八百万两；二、割让九龙海岸一部分于英。其堪称异者，充任译员之教士，竟于汉文中法条约内添入教会得于内地购地一语，条约成后，二国撤兵，交还广州。

爱珲条约　二国条约成立，俄使伊格那提业幅称有调停之功。初普提雅廷与三国专使合作，请派全权大臣赴沪会议。朝旨饬其即往黑龙江议订界约，盖帝已改变政策，谕饬将军奕山议商也。中俄天津条约尚未成功，而爱珲条约业已签字。俄方代表为东西伯利亚将军木里斐岳幅（Muravieff），其采用之手段，则恫吓示威，无所不用其极。奕山胆怯，竟许其请，签定界约。黑龙江北岸，自额尔古讷河至海口归于俄国，南岸至乌苏里江属于中国，乌苏里江至海所有地方，归二国共管，于是俄国不费兵力，竟得广大土地。朝廷罢免奕山，拒绝派员勘界。咸丰九年（一八五九），伊格那提业幅入京，要求勘定边界，吸陆路通商权利。理藩院大臣肃顺主持交涉，将其驳斥，各不相让，未有结果。俄使照会军机大臣，亦无所成，乃暂出京。

中俄北京条约　明年，英、法联军逼近北京，伊格那提业幅适至，自请调解。奕䜣误解联军之来，系其怂恿，奏称令其劝阻，“事后如有要求，再作理论”。及二国条约成立，俄使竟自言功，要求改订吉林、新疆边界，及商业权利。奕䜣受其愚弄，后竟一一许之，缔结中俄北京条约。其要款凡三：一、黑龙江下流至乌苏里江合流处，南岸属于中国，北岸归俄。乌苏里江以东，亦属俄国。于是沿海之广大区域，说者称为三十万方英里尽让于俄。二、西北边界，中国顺山岭大河及华官所在卡伦为界，后订塔城条约勘定科布多界，俄国得地甚广。三、中国开放新疆要城喀什噶尔，并许俄商于库伦、张家口销售货物。同治元年（一八七二），清廷又应俄请，订成陆路通商章程。边界百里内之贸易，不收税银，俄商陆路贩运之货，减收税银。

外交损失之主因　今观清代外交，迄于咸丰末年，屈服损失可谓重大。英用武力扩张市场，美欲维持商业上之平等待遇，法则保护教士，三国初无兼并土地之野心。中国闭关已久，士大夫不知国际上之形势，疏陋顽固，无以应付新时代之问题，战争失败尚不觉悟。耆英不收美使赠送之枪样，不理法使请派学生学习造船铸炮之建议。联军第一次进至天津，俄使欲赠大批枪炮，文宗初尚不愿接受，此固不能独责一二人，而实一般人之见解也。中国所缺乏者，无过于认识环境具有远见之政治家，时无其人，朝廷上从无一定之政策，前后诏旨，往往矛盾，一次战争损失多于一次，大臣对于丧失主权之条款，多无表示，独于专使入觐，公使驻京，抵死力争。主持外交之大臣又无真确报告，受人愚弄，丧失领土，文宗仍以公使入觐，不肯回京。其设总理各国通商事务衙门，一如奕䜣奏称“将来夷务转机，当即裁撤”。噫！国中无人，可胜叹哉！

第五章

内乱之平定

太平军之形势　李秀成之战绩　大营溃散之影响　天国与列强之关系　曾国藩作战之计划　陈玉成之败死　浙、沪之战　常胜军 天国末年之情状　军队外人报告　湘军进逼南京　雨花台之激战　常胜军之战绩　太平军之余党　南京之失守　余党之败没

太平军之形势　天国诸王内讧之年，胡林翼克复武昌，次第收复湖北沿江要城，文宗授为巡抚，总督与之合作，乃能整理税收，剿平盗贼，湖北地位日渐巩固，曾国藩时方困于南昌，军饷艰难，会父病死，告假回籍。湘军归李续宾统率，顿于九江城下，咸丰八年（一八五八），地雷坏城墙而入，尽杀城中守兵。于是湘军顺流而下，进至安徽，其固定之策略，则自上流进攻下流也。其在江苏，江南大营兵溃后，朝命提督和春为主帅，利用诸王内斗，连战皆捷，咸丰七年攻下镇江。江北大营亦陷瓜州。太平天国颇处不利地位，幸忠王李秀成、英王陈玉成善于用兵，清兵又以英、法联军之牵制，捻匪之为害，不能全力进攻也。

李秀成之战绩　于此现状之下，太平军之敌，一为江南大营，

一为江北大营，一为进攻皖北之湘军。就战斗而言，江北大营最弱，湘军人数无几，每陷一城，分兵守之，势力单薄。江南大营兵数最多，筑有坚固之营垒，围攻南京。李秀成作战之计划，先攻弱兵，然后合力进攻能战之兵，遂于咸丰八年秋，力扑江北大营，败之，占据扬州，更聚兵西上，联合捻匪围攻李续宾所部于三河，先以马队进攻，大军继之，李续宾战死，湘军几尽覆没，余兵闻风退至湖北。而江南大营尚围攻南京，时人以为大功可成，日望捷音，但大营未有水师，不能断绝城中运粮，所称功绩，多为浮夸之辞。咸丰十年（一八六〇），李秀成统兵侵扰浙江，以分大营兵力，及其往援，即回南京猛扑大营，于是江南大营溃散。

大营溃散之影响　江南大营之兵士属于绿营，全国兵额六七十万，而大营较有战绩者，一则绿营旧制，战兵月饷一两五钱，而大营兵士时为五两四钱，往往得其死力。一则张国梁善于战斗，负有时望。大营兵饷出自江、浙，及江北大营溃散，防地益广。其失败者，一则饷糈困难，一则暮气深重，一则主帅非李秀成之敌也。太平军乘势进攻，席卷东南富庶之区，进逼上海，后更攻取浙江，兵势张旺，所得之货财甚多。时人益以时局难于收拾，亦有认为始有转机者。其原因有二：一、清廷初倚大营平乱。曾国藩自统湘军以来，未有督吏之权，强民捐输，备受地方官绅之侮辱与非难，因以父丧回籍，及其再出，仍无督吏之权，至是，朝旨授为两江总督，兼钦差大臣，曾氏始能展其才能。一、太平军逼近上海，上海时为重要商港，中外人士成立会防局，道台吴煦雇用美人华尔（Ward）创立常胜军。湘军常胜军均为太平军之劲敌。当更附言天国与列强之关系。

天国与列强之关系　洪秀全原不明了国际间之形势，其封东王则欲其统管东方各国，西王则统西方各国，南王则统南方各国，北王则统北方各国。英、美、法国以鸦片战后，朝臣疆吏仍昏然排外，英国商业时最发达，采用高压政策，解决争执，而误会困难仍时发生。洪秀全自广西出发，攻扰五省，列强以为清廷腐败，汉人起而创立政府，将改变对外政策。上帝会初亦引起外国牧师之同意。及太平军攻下南京，英使亲往调查，时传英将保护太平天国，虽不足信，而固愿与其领袖接近，访问结果，主张严守中立。美使、法使亦曾往宁，美国主张承认其为事实政府，法国不理使臣严守中立之建议，援助清军攻击困守上海县城之小刀会，说者谓与宗教有关。及江南大营第二溃散，英、法方与朝廷搆衅，英遣员商于天国领袖，勿扰上海附近之地，为其所拒，乃驻兵保卫。江苏巡抚薛焕雇用外员助战，常受英官干涉。及《北京条约》成立，始大改变态度，常胜军借用其大炮攻城，英将遣军队助战，肃清驻守上海附近之太平军。

曾国藩作战之计划 咸丰十年，曾国藩奉旨为两江总督，朝廷欲其往援苏、常，曾氏则谓湘军已薄安庆城下；安庆关系重大，不宜撤退，商请湖北出兵，并遣员入湘募勇，其弟曾国荃于安庆督战，国藩自将湘勇进驻徽州祁门。李秀成时已攻下常州、无锡、苏州，以上流势急，率兵西上，攻陷皖南大城，先后两次围攻祁门。湘军文报饷路不通，形势岌岌。会左宗棠等来援，始能出险。左氏家贫，读书勤劳，负有才略。初太平军进攻长沙，左氏原拟入山避难，而巡抚张亮基厚礼聘之，入城佐理军事。张氏去湘，其继为巡抚者，仍聘为幕友，湘南田赋之整理，境内治安之维持，颇赖其调处，会为人构陷，退居家中，忽又奉旨佐理湘军，乃召勇五千，严格训练，时间虽或甚短，而固能战之兵也。李秀成围攻祁门。冀解安庆之围，而曾国荃进攻益力，陈玉成往援，亦不能胜。

陈玉成之败死 陈玉成久在皖北，往援安庆不胜，乃西扰湖北，进至德安，冀湘军往援，而胡林翼御之，安庆围师仍未撤退。陈玉成再至安庆，猛扑湘军，亦不能胜。湘军用地雷坏城，攻入城中，搜杀甚惨，时咸丰十一年八月一日（一八六一年九月五日）也。安庆既下，陈玉成部下气沮，退于集贤关。湘军主将恐其盘据皖北，势将复振，分兵追击，并另遣兵收复其部将占领之城邑。其时天国朝中无人主持大计，陈玉成与诸将书称其不公。至是，兵败，不敢回京，部下又不服从命令，于是逃往庐州，清兵踵至，而城中粮尽，率其亲信出逃，往依练总苗沛霖，为其所缚，献于清军，朝命将其磔死，楚、皖一带，湘军少一劲敌。

浙、沪之战 李秀成于祁门战不能胜，部兵一部分进攻江西，咸丰十一年冬，侵扰江西之兵奉命入浙。李亦统兵往攻杭州，浙江官长乞援，曾国藩无以应之，朝命左宗棠往援，业已无济于事。浙江大部分归于太平军统治，李秀成自浙入苏，逼近上海。其地人心惶惶，绅商往谒英员，说其调兵助战。初中法、中俄《北京条约》成立，法使、俄使均称愿代平乱。朝臣鉴于古事，多所疑虑。英国参赞又进谗言，统兵之将帅亦言不可，遂作罢论。至是，江、浙绅士忽持借兵之议，江苏巡抚为之代奏，朝旨许之。英、法时有军舰兵士在沪，英国久已决定不许太平军进扰上海，法已表示援助清廷。及太平军自浦东吴淞进犯上海，为外兵击退，常胜军亦于松江附近，立有功绩。

常胜军 先是，江南大营第二次溃散，上海绅商设立会防局，雇用外兵协同防守，其饷银出自海关，上海国际贸易时颇发达，税银年有增加。勇于冒险之外人，多在其地。商人杨坊介绍华尔于关道吴煦议定攻取松江给银三万两，商人丁吉昌为其向导。华尔召聚水兵百人往攻，不胜，另召人往，乘其不备，攻下松江，此咸丰十年五月事也。英国方与清廷搆衅，其在上海官长干涉沪官雇用外人，据薛焕奏称无约国人亦常为其唤回，乃控华尔引诱英兵之罪于美领事。华尔囚于舰中，泅水逃出，召募农民为兵，而以美人为官。其兵月饷优厚，操练颇严，军中购有枪炮，所向多能有功。薛焕称为常胜军，因以为名。穆宗（同治）得报，诏授华尔为副将。方事危急之际，上海官绅乞援于曾国藩。曾命属员李鸿章召练淮勇往援，太平军又多一敌。

天国末年之情状 太平军西援安庆，东攻上海，皆不能胜，然自江南大营溃后，新得江、浙富庶之区，南京又无围师，固其极盛时代也。且时与外人接触之机会较多，军中购得洋枪，亦有外国人助之，战斗力视前较强。其困难则自诸王残杀以来，天王不信大臣，深居宫中，其兄洪仁发等管理朝政，洪氏兄弟实无才能，诛求货财，纲纪日坏。其时战争日久，民多逃亡，田地荒芜，粮食缺乏。南京于江南大营围攻之际，江面仍可自由往来，据英记者报告，守城兵士有与攻城之兵以银换买粮食者，此可证明城中军粮之不足。至是，太平军攻陷东南城邑，所获甚多，李秀成以前事为戒，主张奖励商人运粟入城，而洪氏兄弟反而征收重税，城中仍少存粮。其人好货无异自杀，遑论其他，及后兵败地蹙，天王始授李秀成为军师，时已迟矣。

军队　就军队而言，统兵之诸将多为王爵，天国之初成立，封王者六七人而已，至是，数大增加。同治二年（一八六三），曾国藩奏称"城中酋受封至九十余王之多"，城中盖指南京而言，受封者实不止此，或言其为四千，此系最多之估计，确数今不可考。其滥封王者，一则视为羁縻之政策，一则将士纳贿求封。其弊则官爵太滥，各争雄长，各自为政，军权不能统一也。太平军初起，鲜闻统兵将士投降之事例，及其季年，禀请投降者，例不胜举，要其涣散衰亡之征。其兵多为胁从，凡新至一地，被俘之男子，留在军中，或作苦工，或编之为兵，十四五岁之青年，则收为养子。领袖患新附者逃去，防之甚严，甚者面上刺字，文曰"太平天国。"顾此乌合之众，未有训练，固不能抗劲敌，且其军中洋枪多为劣货，而官军亦有购买。外国军队及常胜军所用之炮，则无法购得，限于环境，无可奈何也。

外人报告　外人入宁报告，如英人米嘉（Michie）之纪载，颇足以见天国末年之情状。米嘉称其除欲军火轮船而外，未有奖进商业之意，事实上则以劫掠为主，天国奠都南京为时八年，一无建设，田税重于清官治理之地三倍。美教士名洛波士（Roberts）者先于广州传教，洪秀全识之，至是，应召至宁，天王从未许其一见，后书告其友，称天国领袖不知政府为何物，唯尚严刑屠杀，因言其在宁之经验。南京尝禁发短者入城，愚民不知禁令，门兵捕获十余人而尽杀之。缮书诏令之书记二人，各写错一字，天王即令杀之。洛波士生长法治之国，以为犯人未受审判，即行斩首，为专制之淫威。实则此为天国之常刑，无足深怪。据张佩忍言（见《国闻周报》十一卷四九期），庖人煮熊掌不熟，献于忠王李秀成，忠王即命斩之，赖其一言，始得免死。其部下攻陷一城，勒索财物，自由杀人，已为常例矣。

湘军进逼南京 湘军攻陷安庆，曾国荃回湘募勇，同治元年春（一八六二），统之东下，以为太平军之粮米出自巢湖等县，遣兵往攻，将其收复，乃攻芜湖。其地为南京屏障，以东西梁山为锁钥，尤以金柱关为关键。湘军先下江北西梁山，决定从金柱关入手，截断芜湖南京交通，遣军往攻，潜行分队袭据太平府，次第占据，会攻芜湖，守兵本欲投降，湘军忽而失信，诛杀甚惨。此役也，颇赖水师之力，顺流而下，未遇强烈之抵抗，陆军进驻南京南门外之雨花台附近，人数约有二万。皖南仍有激战，死亡无人掩埋，时值夏季，气候酷热，乃成疫病，死亡相继，秋犹未息。曾国藩奏称鲍超一军，病者六千余人，死者数千，全军人数不过一万余人，而疾病死亡者如此之多。信如曾氏言曰，“甚至一棚之内，无人炊爨”。其他军队悲惨情状，亦与之同，人民死亡者更多。

雨花台之激战 南京城外久无清兵，及湘军进逼雨花台，天王诏李秀成入援，李秀成方于上海附近作战。初淮军以轮船之运载，于同治元年（一八六二）春，抵于上海，李鸿章奉旨署理江苏巡抚。外兵会同常胜军攻取嘉定、青浦，会李秀成督大军至，外兵战不能胜，放弃青浦，退守上海，值奉天王回援天京之诏，上海始免战祸。秋间，李秀成统率大军猛攻湘军营垒，曾国荃督军死守，形势岌岌，相持四十余日，为湘军出境以来未有之恶战。会李秀成改变战略，渡江而北，冬季严寒，所过城邑，多为荒墟，野无所掠，死亡众多。明年夏，雨花台失守，奉诏回京，江水值涨，运输船只为湘军所邀击，损失奇重，李秀成所部之精兵几尽。湘军乘势攻下沿江要塞，而上海一带之军报，亦不利于太平军。

常胜军之战绩 初外兵退守上海，太平军西上，华尔欲得南京财货，迭请往攻，曾国藩不可，李鸿章命其往援宁波，华尔于慈溪受伤而死。秋间，英将主张肃清上海附近之太平军，统率英兵常胜军作战，无不胜利，收复城邑，交淮军驻守，由是淞、沪解严。其时湘军力战李秀成兵，危险万状。李鸿章调常胜军赴援，而其主将竟不服从命令，明年（同治二年）一月，改归英人戈登（Gordon）

统带。戈登奉命往攻常熟，陷之，回援太仓，亦败敌兵。其时淮军人数增加，李鸿章深悉外国枪炮之威力，颇有购买，淮军战斗力视前为强，亦能独当一面。四月，淮军以常胜军之援助，收复昆山，戈登断截交通之路，守兵惧而出逃也。夏间，戈登统常胜军西行，攻陷吴江，复败苏州来援之敌，逼近苏州。李秀成方在南京，乃亲往援，战亦不胜。诸将斩主将献城，李鸿章患其人数过多，杀其首领，戈登认为违反人道，几致酿成严重之事变，明年（一八六四），方始改变态度，再统常胜军出发。其先无锡守将请降，李鸿章杀之，常州守将乃死守城，淮军久攻不下。常胜军于收复宜兴、溧阳、金坛之后，助攻常州，四月城陷，戈登辞职，常胜军解散。

太平军之余党　太平天国兵败地蹙，其在外侵扰者，亦不能胜。石达开自内讧后，扰于西南诸省，同治二年（一八六三），侵入四川金沙江，深入土司境内，欲逃不得，被杀。陈玉成死后，其部将陈得才滋扰河南、陕西、安徽等地，清廷命将御之，颇有斩获，势力渐衰。太平军之在浙江者，一部分回援南京，会左宗棠自浙江攻入，宁波守兵又为外兵所败，常胜军及法将训练之洋枪队，各有功绩。太平军迫而次第放弃城邑，退于江、浙边境。就上形势而言，天国之将灭亡，殆为大势所趋，将帅多欲乞降。南京守将请英官作保，保全生命，即开门献城，不果。及李鸿章计杀苏锡降将，太平军始乃固守常州、杭州。嘉兴守将请率众献城出降，左宗棠竟不之许，城亦先后失守。

南京之失守　太平军败于东南，李秀成再回南京，仍欲固守，令部将入援，而援军终不能至。攻城之湘军人数增加，同治三年（一八六四）春，攻下紫金山要垒天保城，派兵截断入城孔道，城中粮食缺乏。天王诏食甜露，甜露固不足以充饥，乃以大篮放出妇孺万人，城中粮仍不足，渐入于混乱情状。会淮军攻下常州，李鸿章迭奉诏旨，会攻南京，然知湘军不愿他军分功，乃托辞延宕。曾国荃督军攻城，并用地雷毁坏城墙，初仍不得闯入，城中固已惊惶。天王服毒自杀，子洪福瑱（原名洪天福贵）嗣位，六月城陷，其领袖有逃出者。曾国藩奏言南京情状曰：“三日之间，毙贼十余万人，秦淮长河尸首如麻，凡伪王、伪主将、天将，及大小酋目约有三千余人，死于乱军之中者居其半，死于城河沟渠及自焚者居其半，三日夜火光不息。”可谓惨矣！

余党之败没 南京下后，李秀成于城外被捕，力劝诏降余众，而疆吏多欲立功邀宠。太平诸将欲降不得，奉年幼无知之洪福瑱为主，掠食于江西。清廷聚兵会攻，太平军退逃，窜入广东，转至福建。洪福瑱被捕，磔于南昌。福建山多民强，政治腐败，无赖地痞，聚则为匪，散则为民，抢劫滋扰，所在皆是。及太平军窜入，人数大增，势力转强，先后攻取汀州、漳州。左宗棠督师往攻，淮军、粤军奉命会剿。同治四年（一八六五），太平军内部分化，战不能胜，清军次第恢复闽南诸城，进攻漳州，守将惧而出逃，统率余众，侵入广东，占据嘉应州，粤军战不能胜。左宗棠将兵入粤，召降胁从，许免死罪，余党乃多散去。明年春，太平军之在南方者，始平。其在长江以北或逃往江北者，多投入捻匪。洪秀全于一八五〇年起兵，余党于一八六六年平定，首尾凡十七年。天国平定，国内滋扰者，尚有捻、苗、回之乱。

第六章

内乱之平定（续）

捻匪之大起　应付之策略　捻匪之平定　苗乱　苗乱之平定　云南回乱　关、陇之乱　新疆之乱　内乱之年代　城邑之破坏　农村之情状　苛捐恶税　死亡之惨　荒凉之一斑

捻匪之大起　捻匪之名，起于清中叶，仁宗（嘉庆）、宣宗皆尝下诏严禁，然终未绝。其人多在河南、安徽贫瘠之区域，盖生计困难，铤而走险，乃三五成群，掳人勒赎，为害于乡里也。及太平军攻陷南京，安徽沿江一带为两军战守之地，内地城邑防兵空虚，官吏无法维持治安。于是淮水一带，捻匪大起，良民不得安居，畏之甚于畏官。其人原为地方之无赖，熟悉本地情状，所谓聚则为匪，散则为良。官兵固不能久住一地，而予良民切实保护，况时有战争，官吏无如之何耶？捻匪初肆抢劫，并无祸患，不肖者为利所动，人数增多，忠厚者非通匪亦无以自存。地方人士初为防匪之计，创办团练，团丁仍多无赖，甚者与匪相通。练总渐而扩张势力，雄霸一方，苗沛霖则为明证。苗氏为寿州练总，受天王封爵，又缚送陈玉成于清军，后更攻击清军，兵败而死，于此情状之下，安徽淮河两岸之地，几成匪窟，转而掠于邻省，重载而回，粮尽再

出，有如贸易。

应付之策略 捻匪初为小股土匪，头目繁夥，其最著名者，当为张乐行、李兆受等。头目各据一方，不相统属。太平天国为牵制清军之计，封以高爵，捻众故亦留发不剃，清廷派员督兵讨之，未有若何明显之效果，改用招抚之策略，苗沛霖授官，李兆受归降，皆其例也。顾清军之力不能胜之，降众心无所惧，仍可复叛，且当战事方急之际，官军饷银已无着落，更何能另筹巨款，安置降人，或发给军饷？降捻照旧打粮勒索，问题仍极严重。咸丰十年（一八六〇），三国北京条约成立。僧格林沁奉命移兵剿捻，初于山东作战，乘胜进至皖北。僧王所部，中多骑兵，且有重炮，作战颇有斩杀，次第剿平张乐行、苗沛霖，尽杀匪窟附近之居民，其逃亡者唯有死战而已。清军又不带粮，转而抢于民间，作恶之甚过于捻众，人民有迫而从贼者，僧格林沁剿捻数年，故未将其平定。

捻匪之平定 同治三年（一八六四），南京城陷，太平余党之在北方者，投入捻匪。捻首张乐行死后，其侄张总愚管领其众。初剿捻清军，有黑龙江骑兵，主将不善统率，良马反为捻众所得，遂成流寇。僧格林沁亦以骑兵追剿，其用兵也，以尾追为策略，骑兵、步兵不相接应，甚者相隔数日程。明年僧格林沁遇伏，为捻所围，兵败而死，骑兵投入捻中者益多。朝廷命两江总督曾国藩督师，曾氏调淮军北上，兼召湘军旧部助战，驻于徐州，设镇谋困捻匪，终不可得。捻匪万骑奔驰，扰于河南、湖北、山东，官军人少防多，未有大功。同治五年（一八六六），捻匪大败于山东巨野，分窜为二，犯曹州者曰东捻，以赖文光任柱为领袖，其窜往河南者曰西捻，仍以张总愚为魁。曾国藩督师无功，忧谗畏讥，称病辞职。朝命李鸿章代之，东捻迭为官军所败，余众无几。明年冬，赖文光被捕，东捻遂平。西捻忽自陕西窜入山西，东犯直隶，朝命恭亲王奕䜣督师，诸帅先后入援，于是讨捻之兵有禁军、淮军、及左宗棠所部湘军。捻匪南至山东，败而困于黄河北岸，朝旨赦免逆众，余众归降，张总愚自杀，西捻亦平。时同治七年（一八六八）夏也。

苗乱 太平天国及捻匪之主要战争，多在长江、黄河流域，边省叛乱者，尚有苗人、回人，兹分言之。苗人居于西南僻远林深之山地，尤以贵州为多。清初苗人叛服不常，世宗（雍正）改废世袭之土司，收管其地，设置州县，派官治之，苗人不服者，用兵剿杀。官吏不善治理苗民，榨取压迫，无所不用其极。汉民亦借端欺之，甚者夺其田地。苗人时思复仇，咸丰五年（一八五五），遂举兵叛，攻城戕官，杀害汉人。苗人知识浅陋，起兵各寨，不相连结，亦无领袖足以指挥，幸其初尚不肯远去其巢，饱掠即归。时当内乱正亟之际，贵州协饷多未解交，官军战不能胜，乱区蔓延日广。巡抚蒋霨远称贵州东部一隅，匪众不下二三十万，其言或不免于浮夸，要足以见此为民变，异于普通叛乱也。

苗乱之平定　贵州贫瘠，原赖他省协饷，地又偏僻，不为朝廷所重视。乱起之后，全省均在纷扰混乱之中，唯省会贵阳未陷。石达开所部亦尝入境，滋扰惨杀之结果，农民或死或逃，田地荒芜。苗人无所掠食，侵入广西、湖南、云南，官军剿之，即逃归山寨，或四散伏匿，待兵过后，抢掠如故。及太平天国平定，穆宗（同治）诏四川、湖南遣兵入黔赴援，川兵战不能胜，乃用湘军，由提督席宝田统率。朝廷应付之政策，则始终主张“仍当将各处著名逆匪歼除净尽，方能剿抚兼施。”席宝田作战之策略，步步为营，一地肃清之后，方始前攻。其时太平天国已亡，捻匪亦定。江苏、湖南奉旨协助军饷，军中且有枪炮，自非苗人之所能敌。湘军次第克复台拱诸城，同治十一年（一八七二），叛苗斩杀几尽，贵州始平。存者唯饥疲不堪之老弱与妇女耳。

云南回乱　回乱有二：一在云南，一在西北。云南回人殆于元时迁入，在滇人口虽不及汉人之多，然其团体坚固，常以琐事小愤，酿成事故。咸丰五年（一八五五），回人又以争夺矿产，起而为乱，众推马德新为主，其侄马现（后改名马如龙）佐之。叛回报复，大杀汉人，杜文秀亦于西部举兵，袭取大理。会马现改名受抚，知府岑毓英入援，省会云南府始免于难。而杜文秀之势颇炽，攻据五十余城，并夺取盐井，以绝官兵之饷源，会川兵来援，战始转机。岑毓英又授巡抚，决定作战计划，遣兵分道西进，颇有斩杀。杜文秀兵败地蹙，向外乞援，无应之者。同治十一年（一八七二），官军收复滇西诸城，杜文秀退守大理，服毒欲自杀，部将拥之出降。岑毓英斩之，云南乱平。

关、陇之乱 西北回乱指陕西、甘肃及新疆回人大规模之叛乱而言。甘肃、新疆于洪秀全起兵之后，曾有扰乱，幸既平定。及陈得才窜入陕西，民间创办团练，汉人回人各有组织，不相统属，乃因平日之嫌，积成仇恨。同治元年（一八六二），回人举兵于渭水之南，焚烧惨杀。陕西巡抚奏曰："渭南北州县膏沃之地，悉成焦土，伤心惨目，闻所未闻。"惨状可见一二。朝廷命将入关，而叛乱所在皆是，兵勇又多不愿西行，加以运输困难，饷糈无着，故未有功。甘肃回人亦起兵应之，夺城戕官，杀害汉人，众奉马化龙为首。新疆回人亦乘势叛乱。叛区扩大，会太平余党平定，朝命左宗棠西征，及捻剿平，方始西上。湘军入陕，战败叛回，陕西粗安，甘肃回酋马化龙等请降，又以降人被杀，再行叛乱，后再乞降，左宗棠杀之。余党退守肃州，又为湘军所平。此同治十二年（一八七三）事也。

新疆之乱 新疆东部回人于同治三年（一八六四）叛乱，天山南北路回人应之。浩罕酋阿古柏乘机侵入南路，攻陷要城，抚绥人民，立国称王。北路叛回，则惨杀汉人，且互相残害。将军初向俄官乞援，不得，俄使后请出兵，并言相助，朝臣谢绝其请。同治十年（一八七一），俄兵竟据伊犁，不许将军行使职权。左宗棠既平关、陇之乱，欲出关外剿平叛回，收复新疆，而国内之意见不一。英国且欲中国封阿古柏为王，作为藩属。左宗棠则力主张用兵，并奉朝旨许其借贷外款，以裕军饷。穆宗授为钦差大臣，督办新疆军务。其困难则大杀之后，田地荒芜，运粮至为不便，乃采屯田政策，命兵耕种于哈密旷野，垦地二万亩。光绪二年（一八七六），大军自哈密前进，攻下乌鲁木齐（今迪化），肃清西北，明年春，分兵而南，攻陷南路门户土鲁番，乘胜疾进，迭陷要地，及冬，收复和阗，南路遂定。伊犁交涉，分言于后。

内乱之年代 综就以上内乱而言，始于一八五〇年洪秀全之起兵，终于一八七八年（一月）天山南路之平定，首尾二十九年。

分别言之，太平军起于一八五〇年，余党于一八六六年消灭，扰及十七省，首尾十七年。捻匪大起于一八五三年，平于一八六八年，滋扰江苏、安徽、山东、河南、直隶、山西、陕西、湖北八省，先后十六年。苗民于一八五五年作乱，一八七二年始平，叛苗以贵州为巢穴，扰及湖南、四川、云南、广西，共十八年。云南回乱起于一八五五年，平于一八七二年，凡十八年。关、陇回乱，起于一八六二年，平于一八七三年，共十二年。新疆之乱，作于一八六四年，定于一八七六年，凡十三年。就本部十八省而言，乱起于一八五〇年，终于一八七三年，首尾二十四年。

城邑之破坏　二十四年之中，国内无安乐之地，城邑迭易主客之攻守，城中人民迫而登城助守，城外房屋，焚毁一空。城中存有粮食，人民得免饿死，实一幸事。其缺乏粮食而犹困守者，初则食及草棍树皮，及其后则枕藉而死，道无行人。陕西巡抚刘蓉奏汉中城内人民曰："罗掘雀鼠而炊……十数万人，生者不过三千余人。"此固人类至悲至惨之情状，不幸城或攻陷，入城军队惨杀抢劫，无所不至。南京焚杀抢劫之惨，则其明证，疆吏因此互相讥议。李鸿章尝官于南京，致书友人曰："沅翁（曾国荃）百战艰苦，而得此地，乃至妇孺怨诅，当局固无如何，后贤难竟厥施，似须百年方冀复旧也。"此固不能独责湘军，淮军及其他各军莫不皆然。文人王闿运于《湘军志》曰："能战之兵，未有待饷者也。"王氏所言，盖指淮军于苏、常一带作战而言。太平军攻陷城邑，亦强人民出献财货，一言不合，或至于死。兵士分夺财物，有自相杀害者，对于敌人，亦无怜惜之意，攻陷南京尽杀官吏旗人，多至两三万人。

农村之情状　乡村农民本无组织，又无保护，于太平军至，迫而进贡，吾乡高资（在南京附近）采办贡物，不及进呈，太平军怒其失期，纵火焚烧，全镇千余家均罹于难，迄今尚未恢复旧观。凡已进贡者，初则给与贡单，尚不滋扰，后则虽有贡单，亦无效果。曾国藩于江西奏曰："前此官有骚扰之名，贼有要结之术，百姓不甚怨贼，不甚惧贼，且有甘心从逆者。自今年以来，贼匪往来日密，抢劫日甚，升米尺布掳掠罄空，焚毁屋庐，击破釜缶，百姓无论贫富，恨之刺骨。”奏文所言，多为事实。其所谓今年者，则指咸丰四年，往来人数增加，粮食不足，抢劫榨取，遂为自然之结果。及官军至，骚扰亦不能免，每当战败之时，溃兵散卒更无恶不作。于是大兵经过之地，或战争区域，民多逃亡，田地荒芜。当湘军围攻南京之际，曾国藩东巡，奏言所见灾民情状曰：

> 自池州以下，两岸难民皆避居江心洲渚之上，编苇葺茅，棚高三尺。壮者被掳，老幼相携，风雨悲啼，死亡枕藉。……民闻贼至，痛憾椎心，男妇逃避，烟火断绝，耕者无颗粒之收，相率废业。

苛捐恶税　于此情状之下，粮食价格之昂贵，可以想见。其较平靖区域，官吏增收钱粮，强民捐输，添设恶税，钱粮除正赋而外，别立名目。捐输则向绅富募款，给与印收，拒绝不出者，即可惩戒。国民对于国家原有义务，当其危急困难之时，本当踊跃输将，无如绅富未有明确之标准，有田数十亩者亦不能免，其有权力者反得减少，或全免去。恶税名目繁多，病商害民者无过于厘金。厘金创于雷以諴，始于仙女庙征收，后则各省仿行。外人贩运洋货，除交子口半税而外，一无担负，本国商人反而逢卡交纳，乃不能与外人竞争，国货大受摧残，此无异于自杀政策。稍称完善之区，人民创办团练以自卫，及其势成，团总不啻独立自主之王，摊款勒索，自不能免，加以水旱蝗疫，穷困痛苦，无以复加矣。兹引时人之语，以便有所证明。刘长佑率军赴粤，咸丰十年（一八六〇），奏报广西情状曰：

> 粤省连年贼寇纵横，百姓流离转徙，不安其生，间有筑寨固守，差可自保，然田野益芜，庐舍为墟，死于锋镝冻馁之下者，亦不少矣。而自石逆入境以来，流毒千里，破大小村寨凡千数百计。……贼过之后，地方无官弹压，则又受虐于团练之贪暴，被戕于土客之仇杀，日朘月削，莫有底极。

死亡之惨　此种情状，固不限于广西，彭玉麟统率水师于长江一带作战，其言攻克九江，湘军屠城，曰：“鸡犬不留。”后湘军收复宁国、溧水一带，彭氏感而作诗曰：“底事红羊浩劫成，大江南北惨难名，横尸华屋多人腊，食血荒郊尽犬精。村里断烟凄冷灶，屋中长树破雕甍，千家一二余生在，虎口归来哭失声。”自于犬精后注曰：“壮者逃死四方，老弱饿死丘壑，每入一村，人腊相枕藉，骸骨若丘山，而丧家犬食人尸血，眼赤毛竖，数十成群，我兵须队行，否则为其害。屋有未焚者，厅房中树大如椽，穿楼而出，目不忍睹，心凄欲绝。”彭氏所言，实为战区之写真，关于拉夫之苦，赵树吉作《儿无襦》咏之，刊载于《郁鄢山房集》。诗曰：

> 儿无襦，生不识诗与书，天寒忍冻面垢污，吏来呵儿驱作夫，负载力弱，日夕载涂，饥火烧肠风裂肤，以刀击背如鞭驴……

荒凉之一斑　夫役之苦，至于此极，宜人民逃亡避之也。逃亡无所得食，乃多成为饿莩，死者无人掩埋，腐朽成为疠疫。左宗棠入浙奏曰：“臣军行所至，目睹灾民，男妇露宿野处，道馑相望，有数日不得一食者，有一家饿毙数口者。近复疫气流行，十人九病，而浙之残黎几于靡有孑遗矣。”灾情最重之省，长江一带，首推江苏、安徽、浙江。江苏南部，久历战争，数百里或无人烟。安徽南北，说者称居民死亡殆尽，师行竟日，或不见一人。浙江情状，亦几相类。江西沿江一带，死亡亦众。其在贵州，苗、汉惨杀，据巡抚黎培敬奏称，“百姓存者不及前之十一”。云南之乱，地方“残破不堪，田亩抛荒，死者及半”。陕西汉人被杀，几无遗类。甘肃则千里荒芜，弥望白骨黄茅，炊烟断绝，甚至城邑常无居人，乱前人口约一千五百万，乱平，存者不及十一。其他各省，人民死于非命者亦夥。据彭玉麟言，湖南凡三百万人，余可想见矣。总之，人口增加，比例超过生产事业之发达，为祸乱之根，乃以屠杀饥荒疾疫为解决之方法。死者殆占人口三分之一，而政治腐败，会党活动，固无改革或减少其势力，内乱成为唯一解决人口之办法，悲哉！

第七章

同治朝之内政

文宗之家庭　政变之始末　太后听政　亲王宦官之重用　中兴时期之政治　穆宗家庭之祸　地方官之权重　军功保举人员　捐输　候补官之窘状　军队之未改革　舰队之解散　海军及机器局之创办　同文馆之创立　改革失败之原因

文宗之家庭　文宗患英、法联军之逼，逃往热河。及《北京条约》成立，英、法撤退军队，朝臣奏请车驾回京，而帝以为外使要求觐见，不欲即归，明年（咸丰十一）欲返，一再延期，据后诏旨，乃肃顺等力排众议，坚持不可也。会帝得病，七月病死，只有一子，名曰载淳，时年六岁，懿贵妃叶赫那拉氏所出。那拉氏生于道光十五年（一八三五），幼尝读书，以秀女选入宫中，为帝所爱。妹为帝弟醇郡王奕谖之妃。文宗北逃热河，后妃偕行，那拉氏与焉。说者谓帝晚年，那拉氏干涉政治，宫中之事要不可考。所可知者，那拉氏异于寻常女子，对于政治饶有兴趣，并能批读奏疏。帝崩，肃顺等谋揽政权，那拉氏先已为之备。

政变之始末　文宗亲信大臣多为宗室，肃顺尤负能名，说者称其善揣上意，恃宠立威，尝兴大狱，诛杀大臣，故为清议所恶。文宗出狩，肃顺等扈从，益见信任。奕䜣初任军机大臣，时留京办理外交事宜。清初亲王多居要职，圣祖子多，互相争位。世宗嗣位，恶其兄弟，另设军机处，慎选大臣入值，拟定诏旨，议商政策，亲王独不与选，渐而成为惯例。文宗命弟入值，盖当大乱之时，非常例也。当时大臣可分两派，一在热河，多属肃顺党羽，一在北京，以奕䜣为首，反对肃顺等专政。初文宗病危，肃顺等称受顾命，谓帝命肃顺等八人为赞襄政务王大臣。遗诏究为帝意与否，今不可知，顾此实非太后之所愿闻，八人之中无一近支亲王，且皆肃顺党羽，既为近支王公所恶，又为在京朝臣所疑，由是酿成政变。

载淳于热河行宫嗣位，赞襄政务王大臣总揽政权，尊皇后钮祜禄氏为慈安皇太后，生母那拉氏为慈禧皇太后，阻遏恭亲王奔丧。朝臣疑之，御史董元醇奏请三事，一、皇太后听政，俟帝年长，再行归政；二、于亲王中简派一二人辅政，三、简派大臣充帝师傅。奏上，帝谕王大臣著照所请，盖两宫太后主张垂帘听政也，而王大臣奏称不可，竟改谕旨。九月，梓宫返京，王大臣护送，太后及帝先归，颁发前在热河拟定之硃谕，赞襄政务王大臣解职议罪，俄再降旨拿问肃顺等三人。肃顺不服，被捕入京，家产奉旨查钞。上谕宣布其罪状，并令斩首，远支亲王二人赐令自尽，余党各有处分。太后命恭亲王为议政王大臣，在军机处行走。

太后听政　今观政变之始末，起于太后权臣之争权，权臣失败，太后临朝，为当然结果。清帝自入关以来，年幼嗣位者，有大臣辅政，从无太后听政之例，自此而后，竟为常例，其原因则穆宗早死，尚未有子，太后迎立奕譞之子载湉为帝，是为德宗。帝又无子，迎立其弟所生之子溥仪为帝。数十年中，正当国际关系剧变之时，需要强有力之皇帝，认识新时代之情状，决定大计，而妇女性情偏于守旧，对于新事业之创办，不能有所决定，军国大事亦无适当之解决，迟延犹豫至于覆亡，固清室之不幸，亦中国之不幸也。

亲王宦官之重用　中国习俗男女授受不亲，中等之家妇女从不轻出门外，光绪中年（十九世纪末），诏旨迭禁妇女入庙烧香，或在茶肆吃茶，违者捕罚。太后听政，乃以男女之别，悬帘或幔以自蔽，遂不得与朝臣自由问答，势乃迫而重用亲王，信用宦官。亲王养尊处优，类多不学无术，奕䜣于诸王之中较有能力，然已忧谗畏讥，迭受申责，不敢尽言，后且不安于位。在其下者，何足深论，唯求贿赂而已。朝廷之败坏，多由于此。宦官愚蠢放纵，久在宫中侍奉，深知皇帝太后所好，为其所信，得揽大权。世祖鉴于前事，削减其权，子孙亦未重用宦官。太后听政，始改祖制，初用安德海，同治八年（一八六九），遣之南下，织办龙衣。故事宦官不准出京，山东巡抚丁宝桢捕之，奏言安德海僭疑招摇，太后诿称不知，下诏杀之，此不过一例耳。其他收贿乱政者尚多。

中兴时期之政治　穆宗嗣位，明年，改元同治，值当内乱正急之时，恭亲王辅政，小心翼翼，凡统兵大将有所奏请，类皆准许，叛乱故能次第平定。李鸿章追念前事，深有所感，尝书告友人曰："中兴之初，深宫忧劳于上，将帅效命于外，而一二臣者主持于中，有请必行，不关吏议。"所谓中兴者，乃沿用历代平乱之故事，实际上政治未有改革，外交未闻胜利，又无重要新事业之创办，固不足称为中兴也。其异于先朝者，则为两宫太后听政，慈安为一寻常女子，对于政治并无兴趣，说者以德称之，除大赏罚或有意见而外，余殆不问。慈禧颇有才能，判阅奏疏，裁决政事。凡臣下入见，慈禧一一询问，慈安独无一语，皇帝亦然。

穆宗家庭之祸　两宫太后听政已久，渐相疑忌，恭亲王后谏复修圆明园，几获重罪，乃不敢多言。同治十一年（一八七二），帝年十八，两宫太后为之选立皇后。慈安主婚尚书崇绮之女，慈禧欲立侍郎凤秀之女，各不相让，最后帝自决定，选崇绮女阿鲁特氏为后，以凤秀女富察氏为妃，慈禧因之不悦。秋间，大婚礼成，相传慈禧戒帝毋常至中宫，并令皇后学习礼仪，帝遂郁郁不乐，常独住乾清宫，明年春，亲政，乃微服出游，太后并不之问，同治十三年（一八七四）冬，染得天花，御医医治，痘已结痂，倏变为剧，十二月遂死。慈禧立奕𫍽子载湉为帝，其母则其妹也。

地方官之权重　太后临朝，政治上不良之影响已言于前，其初太平天国及诸方祸乱，旗兵绿营不能平定，满员之任统帅者，未有功绩，朝廷乃变政策，重用汉人，统兵平乱之诸帅，朝廷初未授以军队，给与饷粮，不过与以名义而已。兵勇募自其家乡，将士由其擢用，饷则于其驻防之地百方筹募，甚至榨取，清代重文轻武，一品武官几同于督抚之侍从，高宗尝下诏严禁，固不能有所改正。至是，平乱之钦差大臣，多为文人，且兼总督或巡抚之职。其人新立功绩，负有时望，朝廷亦优待之。恭亲王小心谨慎，遇有大事，不肯主持，往往征求其意见。其中尤负盛名者，当推曾国藩、李鸿章、左宗棠等。左氏后言朝廷情状曰："内臣之权，重在承旨会议，事无大小，多借疆臣以为设施。"此种现象之造成，始于同治初年。军机大臣虽多满人，疆吏则多汉人，满人之居高位者，未有才能杰出之士，宜汉人渐居要职也。

军功保举人员　本部十八省之纷扰，凡二十四年。朝廷为鼓励人心之计，厚赏作战之将士，统兵之将帅亦欲多所保举，甚者掩败为胜，冒夺军功，部议不能多所驳斥。保举之数，据同治六年（一八六七）左宗棠奏称各省军营所保武职，无虑十数万员。其时太平天国新平，捻、苗、回犹炽，保举武官，竟如此之多，其保至三品以上者，据曾国藩言，不下数万人。战争之际，虽无实缺，尚可于营中效力，领支饷银，及后乱平，多遣散回乡。其人狃于得官取财之易，不知营生，一部分投入会匪，乘机为乱。其有奥援者，则有差委，顾此为极少数之幸运分子，其随旧日长官而冀谋得一差或一职者，则数甚众，坐计困难，自不能免，乃屡有造谋，发生巨案。

捐输　其他政治上之不良影响，则政府因乱收入锐减，而军费浩繁，支出增加，官吏一再减成发给俸金养廉，固仍无济于事，乃广开捐输。捐输由来已久，清帝亦常开捐，要当灾乱或财政困难之时，收入年约三四百万两。无奈内乱正亟，人民救死不暇，各业停顿，现金自不易得，且政局尚未安定，倘或叛人攻陷城邑纳捐者危险孔多，故开捐之后，收入并不甚多，乃改例减价，降级者亦得捐复，富人且可为其已死之父祖捐得追封。据浙江巡抚王凯泰奏疏，出银三四千两，即得道府，千余两即为知县，百余两即为佐杂。会内乱次第平定，热于入仕者，因而利用事机纳赀为官，同治中叶捐输一途，年约百万，可见入赀者之多。各省候补者，莫不有人满之患。其人视官同于投资求利，他日得一实缺，何能责其善治其民?

候补官之窘状 军功捐输深受内乱之影响，造成仕途冗杂之现状，二者自时人观之，得之均属甚易，正途出身仍极高贵。士子按期应考，每科必有录取，院考乡试固无论矣，会试录取二三百人，其授官者，在京或一二十年不得补缺，其入翰林院者或十年不得一差，不迁一秩，俸金又少，难于维持生活。故京官多望外缺，无如缺少官多，甚者千余人补数十员之缺，非善于钻营或有奥援者，盖不易得。候补官员居于省会，每逢初一十五，例须亲至督抚衙门行礼。其人多无进款，衣食艰难，甚至自杀。正途出身者，尚能作文，应付月课，优得津贴。于此穷迫生活之中，而捐输者并不减少，盖居官致富者，常为人所论及，而失败者无人注意也。清季吏治之腐败，此其原因之一。

军队之未改革 内乱之久，军队战斗力弱，不足以平乱，实一主要原因，其造成者，一则武举不适于用，将士多行伍出身，兵士未受严格之操练。一则兵丁饷银太少，尚不能全数发给，将士吞没缺额之饷，乃听其营生。一则器械多为古代遗物，外国枪炮之威力，不为国人所信，双方以刀相杀，勇者胜耳。内战之平定，非旗兵绿营之力，乃临时召练之乡勇。其人饷银较厚，作战勇敢，又有智谋之士指挥，故能胜利。然时所谓精兵，操练不过数月，军器仍为刀矛鸟枪，是以老师糜饷，历久始平内乱。战后，乡勇一部分解散归农，朝廷恢复旧有兵额，余则未有重要改革。左宗棠奏请裁减福建额兵，增加饷粮，实有所见，无如朝廷上无人主持，为之奈何?乱前腐败之情状，一一恢复。

外人明了中国情状者，莫不主张改练军队。其来中国初为商业，内乱妨碍商业之发达，英于广东代练军队，则其例也。其有政治野心或欲见好于清廷者，亦欲代平内乱。朝廷疆吏多所疑虑，外国又相疑嫉，未有所成。外兵参与战事者，固多有功，外人统率及操练之兵，亦多胜利。常胜军于东南作战，法国洋枪队于浙东作战，均其例也。其胜利之最大原因，则为炮火摧残之威力。李鸿章统帅淮军，驻于上海，书告曾国藩，言外兵进攻嘉定曰：“洋兵数千，枪炮并发，所当辄靡，其落地开花炸弹，真神技也。”后又书告曰：“洋人火器攻城夺垒及船上开用，实为无敌。”其意则欲其师倡用，开通风气也。而曾国藩始终坚持用兵之道，在人而不在器，无所改革。常胜军解散，淮军收用其炮手，故战斗力强于他军。关于雇用外人练兵，曾言愈少愈好，李称费用过巨，征调且有掣肘，恐有尾大不掉之虑。朝廷接受其意见，雇用之外人均先后解雇，新军毫无影响于时。

舰队之解散　关于水师，沿海诸省多有兵船，然皆有名无实，不敢驶出外海，追剿海盗。湘军作战颇赖水师，水师船少炮劣。恃风力人力而行。太平军于南京一带之沿江要塞，筑有营垒，水师无法通过，亦不能断外船私运接济。恭亲王初欲购买外国军舰，未有所成，及太平军攻扰浙江，始诏购买船炮，筹银八十万两，饬海关总税务司李泰国办理，购兵船七只趸船一只，雇用英国武官兵丁水手六百余人，用银共一百零七万两，船于同治二年（一八六三）秋到华。其时形势剧变，太平军迭次败挫，已近灭亡时期。军船原为助攻南京之用，而曾氏兄弟坚决反对，乃因统管权之争执。曾国藩建议将船分赏各国，不索原价，船为英国所得。中国先后用银一百四十五万七千两，未一利用，诚一骇人听闻之事。

海军及机器局之创办　顽固之士大夫反对调遣兵船助战，多出于私心，轮船行驶迅速，便于交通，亦为其所知悉。上海购置轮船二只，归总督曾国藩节制，则其明证，曾于安庆招工试造轮船，固未成功，派员出洋购办机器，后于上海扩充机器局，同治七年（一八六八），造一轮船名曰恬吉。同治五年（一八六六），左宗棠于福建马尾创设船厂，雇用法人主持，会督师北上，疏请诏授沈葆桢船政大臣，并得会衔奏事。惜其办理未能得法，糜款多而造船少。同治十三年（一八七四），中、日台湾交涉案起，朝臣力言筹办海防，始乃积极筹办海军。关于军械，李鸿章久知外国枪炮之威力，先于上海设局仿造子弹，后并制造枪炮，及代理两江总督，又于南京设局制造军火，迨任直隶总督，扩大前三口通商大臣崇厚创办之机器局。他省亦有仿办者，顾多规模狭小，任用非人，未有昭著之成绩。英使初荐英官监理军火，兼铸大炮。恭亲王奏言费多，未悉其人，不宜遽假以管理火器制造炮位之权，竟托辞拒绝。此新事业创办多无成效之一主因也。

同文馆之创立 同文馆之创立，亦新事业之一。中国自订约通商以来，未有精通外国语言文字之人，而外国译员能读我国经史，恭亲王等请设同文馆教授英语。馆于同治元年（一八六二）成立，明年，添设法文、俄文二馆，共学生三十名。上海、广州各设学馆，亦偏重语言。恭亲王后请再添一馆，学习天文算数，考收翰林及由进士出身之官员。朝臣倭仁等反对奉夷人为师，力持不可。会天变诏求直言，言者诋毁恭亲王，几兴大狱，应考者七十余人，考取三十一名。其人多八旗子弟，正士固不愿入馆，设备较善之学校，竟无若何重要之影响于国中。马尾船厂附设学校，教授英文、法文，亦无若何成绩。国中需要切实有用之人才，而时未有学校可以养成，曾国藩、李鸿章接受粤人容闳之建议，书请总署访选幼童赴美读书，总署从之。原议年派三十人前往，以四年为限，十五年后返国。同治十一年（一八七二）派出，其人年龄太小，乃于美国兼学国文，政府后得监督不满意之报告，将其招回，学生初未为人所重视。其他新事业之创办，尚有招商局等，亦无重要成绩。

改革失败之原因 总之，中兴时代政治上未有改革，反受内乱之影响，积弊增多。时当世界交通日趋便利，中国闭关墨守成法，决不可能，而朝廷上未有果断能决大计之君主，认识新时代之大臣，不能辨别是非轻重，有适当之决定。其困难之症结：（一）朝臣疆吏思想浅陋，明知己不如人，既不努力有所建设，又不虚心学习外人所长，自欺自蔽，其人盖古所谓绝物也。（二）士大夫夷夏之别太严，怀疑外人，成为普通心理。长官雇用外人者，又常冒夺其功，外人不服，乃称其不受羁勒，心不可知。李鸿章书告曾国藩曰：“洋人横戾，断不能操纵由我。”又尝曰：“我辈尚不能提调洋人，委员何能提调？”此足以见时人之态度。列强在华，又相忌嫉，互进谗言，益足以坚时人之信心，终遂未有重要之改革。近代中国恶劣现状之造成，原因虽多，而昏庸无识见之士大夫，负有重大责任，实一明显事迹也。

第八章

同治朝之外交

国际关系之剧变　外交官署　入觐之争执　遣使出聘　对外思想之不变　改革之困难　订约与修约　教案　商业权利　海关之改组

国际关系之剧变　咸丰十年（一八六〇），《北京条约》成立，并互换《天津条约》，中国国际关系为之根本改变。其明显之例，一则使馆许设于北京。中国向无此例，君臣多所顾虑，莫不认为重大损失，坚持反对，换约启衅，多由于此，败后始肯承认。其他各国遣使来华缔订条约，中国许其享受特殊权利，犹不允其公使馆早日设于北京，殆以为数年后，洋务转机，列强已设之使馆尚可取消也。一则商埠增加，数近二十。列强多于商埠设置领事，外商贸易之机会大有进步，且可持一护照游历内地，先进国原无商埠，外人持有护照入其境者，经营商业，或游历城镇，固无区域之限定。中国囿于历史上之传说，不能一旦全国开放，然视旧日进步多矣。

外交官署　自英、法联军入京，外交上之事务繁多，理藩院管理属地王公封爵朝贡，及与俄公文往来，礼部管理藩国朝贡，朝廷并无适当之外交机关。南京条约而后，两广总督奉旨兼钦差大臣，办理交涉事宜。外人信其奏报类多误解事实，尝使人北上，投递致军机大臣照会。清帝则称内臣不问外交，外使乃有照会皇帝者。至是，恭亲王主持和议，条约先后成立，而办理善后事宜尚无官署及负责之人员。王请创设总理各国事务衙门，文宗许而从之。衙门于咸丰十年冬成立，简称总理衙门，或称总署，初有大臣三人，后则增至数倍，人数不免太多，责任反不专一。外省交涉大员，朝廷初欲两江总督兼办南方交涉，曾国藩力持不可，因设通商大臣于上海，以前巡抚薛焕充任。薛焕后请辞职，改命总督兼理。北方初设三口通商大臣，后命直隶总督兼任。领事官职甚低，条约许其与道府往来，竟以行使条约上让与之权利，地位提高，有与督抚往来者。

入觐之争执　外使驻京原为西方国际惯例，中国唯有贡使，例须叩头谒见皇帝。外使欲照外国习惯，觐见皇帝，呈递国书，对于叩首认为有碍国体，不肯考虑。总署大臣知其违反旧例，声称皇帝冲幼，太后听政，本国大臣尚不能自由对语，不允照办。后穆宗大婚，外使以为将往恭贺，而总署遣使告其于婚日不可在街上行走，外使无奈，许而居于使馆。明年，穆宗亲政，外使要求入觐，议商多日，许其免冠行五鞠躬之礼。朝臣尚有力言不可者，帝亦犹豫不决，恭亲王奕䜣奏称不敢自专，忽又奏言将致启衅，迟至数月，帝始许其入见。会日本大使亦要求觐见，久乃许而从之，仪节由总署议定，先请外使演习。觐见之日，帝御紫光阁，大使先见，外使继之，法使又递国书，礼毕而退，为时甚短。帝命于总署宴之，外使认为不满，多不肯往。

遣使出聘　条约载明中国遣派使臣驻于外国，顾历史上未有先例，加以人才难得，自好之士，初不屑往。总署尝以遣使外国是否可行？询问督抚。言者所持之理由多不相同，实未明了公使之职务与重要。外使则欲朝臣疆吏明了外国之实况，除去双方之隔阂与误会，迭请朝廷遣使出国。总署多所顾虑，不敢奏请。同治五年（一八六六），总税务司赫德返英，说恭亲王遣同文馆学生随之游历外国，增长见闻。王许其请，并派六十三岁之斌椿同行，学生年青，斌椿懒于动作，抵欧后不愿游美，中道而返，未有若何之影响，明年，美使蒲安臣回国，总署大臣忧虑将届修约之期，外国提出要求或至干涉内政，接受赫德之建议，请派蒲安臣聘于外国，太后许之。蒲安臣亦欣然奉命，会同属员于明年出发，先至美国谒见总统，议订条约，华工自由渡美，美不干涉中国内政，俄往英国。英外相表示亲善之谊，宣布外交政策，后聘于大陆列强，蒲安臣死于俄国，属员回国，亦未改变其思想。后天津教案起，朝廷遣前三口通商大臣崇厚赴法道歉，亦无所得。

对外思想之不变　困难之症结，则对外观念，一无更改。曾国藩、左宗棠初尚不信外国枪炮之威力。曾与李鸿章书曰："九洑洲下关各贼垒，似非轮舟炸炮所能遽破。鄙人尝疑用兵之道，在人而不在器。忠逆之攻金陵官营，亦有炸炮，亦雇洋人在内，官军不因此而震骇。舍弟亦还以炸炮御之，彼亦不因此而动。左帅以四十余斤之炸弹，打入龙游城内，贼亦不甚慌。顷水师在金柱关抢贼船百余号，内有洋人一律乞降免死。然则洋人洋器，亦会有见惯不惊之一日也。"曾氏立论根据，多就南京一带作战之事例而言。舍弟指曾国荃，时统湘军，进驻雨花台附近，尝为李秀成所部所攻，九洑洲下关为南京沿江之要塞，金柱关则在南京上流。龙游故事，乃左宗棠炮轰浙江龙游城初不能下，函告曾氏，谓西洋大炮无用，故曾氏引之为证。朝臣顽固者更不足言，其人固不信外国亦有高深之学艺思想也。后曾、左与外人接触较多，始信船炮之利，其心则以我有船炮即足以制外人。

改革之困难　中国思想不变，朝臣疆吏除一二人外不肯比较中外之制度，采取外人之长有所改革。赫德尝递《局外旁观论》于总署大臣，主张中国矫正虚饰，实事求是，外国有火车、轮船、工织机器、邮局、电报、银币、军火、兵法，中国宜早兴办。关于外交，宜守条约，早日解决争执。总署置之不理。会英使馆参赞著《新议论略》呈递总署，主意则中国宜变成法，遣使驻于外国，建筑铁路，敷设电报. 开采矿产，操练军队等。总署始以事关重大，奏报朝廷。太后命疆吏筹议，疆吏类多对外知识幼稚，全以恶意解释，兹引江西巡抚刘坤一之言，以概其余。刘氏立论之根据曰："通商不过耗我之物产精华，行教则是变我之人心风俗。至于轮船、火车断不能从其请，遣使出国则弃重臣于绝域，令得挟之为质。”其主张之外交，则以夷攻夷也。信如此说，则订约通商，有百害而无一利，实则全为传统思想所囿，稍有常识者皆知其非，不足一辨，而在当时则为强有力之意见。此新事业创办之困难也。

中国倾向于闭关，而世界交通以轮船、火车、电报之发明与利用，大为便利，闭关不惟不能维持，外交问题反而增多，要而言之，可别为三：曰订约与修约，曰教案，曰商业权利，兹分言之。

订约与修约　自北京条约成立，小国利用时机，遣使来华通好订约。中国于新败后，有所顾虑，主持交涉之大臣，未有外交上之经验，对于丧失主权或权利之条款，不知其损失之重大，亦不筹谋补救之方法。小国使臣多得大国之介绍。订约初在天津，后在北京，以大国条约为根据，遇有争执问题，大国公使出而调停。总署大臣往往让步，订成条约。其先成立者，当推普鲁斯及德意志通商税务公会，其不同于强国条约，唯使馆暂不得设于京中耳。丹麦、荷兰、西班牙、比利时、意大利、葡萄牙诸国条约相继成立，葡萄牙以强据澳门之故，朝廷不肯批准，余则不问国之大小，商业之轻重，均享受列强所得之商业权利。日本订约较迟，独不得享受最惠国待遇，日商贩运洋货、土货，均须交纳厘金。其条约成立，则在同治十年（一八七一），朝臣疆吏已知最惠国条款之非，且以日本地理相近，多所顾虑。商业上之不平等待遇，乃为二国交涉问题之一。

总署大臣以为修约问题，造成战祸，咸丰八年之中、英《天津条约》载明十年修正，将近修约之期，深以为患。太后谕疆吏筹议，复奏所论不同，要多牵强附会之辞。同治七年（一八六七），英使阿礼国提出修约节略，要求免去厘金，多开长江及沿海商埠，内地设栈，轮船得驶行于内河等。总署谓其关系人民之生计，不愿多所让步。美使出而助英，亦无所成。明年，英使声称修约，将与他国一同办理，总署大臣患其合力谋我，请其议商条件，历久交涉，订成条约。中国添开商埠凡二，免去英商之厘金，外船驶行于内河者，待遇同于华人。所得者唯鸦片输入之增税耳。英商时多贩运鸦片，恶其提高税率，群起反对，政府因而不肯批准条约。修约暂作罢论。

教案 耶稣教传入中国三次，均归于消灭，要与中国之理想不合。士大夫对于传教，视为败坏人心风俗，尽以恶意解释其慈善事业。中国男女授受不亲，而教堂则男女一同唱歌敬拜上帝，中国慎终追远，重视祭祀，教士则反对祭祖。北京条约而后，天主教神父、耶稣教牧师均往内地传教，或租购产业。其来华者惟欲教徒之增多，广为收纳，中杂不良分子，往往欺凌乡里。士大夫遂以为凡信教者皆为奸民。不肖者更捏造蜚语，诋毁教士，士大夫从而信之。魏源于《海国图志》称入教者，吞受丸药，归毁祖先神主，并得领银三次，同教男女共宿一堂，病终，牧师来取目睛，用以炼银。夏燮于《中西纪事》亦引用其说，一似真有其事，使在今日，徒供识者一笑而已。乃在当时竟为强有力之议论，教案遂多。其较严重者，有南昌、贵州及天津教案。南昌系绅士主持，值逢郡试之期，生童聚众，毁坏教堂，并拆毁信教者之房屋。巡抚沈葆桢自负办理不善之咎，不许缉捕暴徒，报至京师，历久磋商，出银二万两，并给与九江城外空地一方，始得完案。贵州则提督田兴恕打毁教堂，伤死教徒，法使迭次抗议，并遣舰队驶入长江示威，久始解决。他如四川、江苏、湖南等地，亦有教案，类多出款结案。所可怪者，地方官负有维持治安之责任，生童俗所谓读书明理之人，乃一不能弹压暴民，一反煽惑滋事，政治之腐败及士大夫之无识，均于此毕见矣。其几引起重大事变者，当为天津教案。

初法国神父于天津建筑教堂，名曰仁慈堂，出钱收养婴儿。同治九年（一八七〇）春，天津屡有儿童失踪。时人多信外国之富，由于用睛练银，魏源于《海国图志》称闻夷市中国铅百斤，可煎纹银八斤，其余九十二斤，仍可卖还原价，惟其银必以华人睛点之乃可用，而西洋人之睛，不济事也。津人疑失婴为外人所为。会仁慈堂儿童传染疫疾，死者颇多，津人益疑，值捕得拐犯，供称与堂中仆役有关。三口通商大臣崇厚会同法领前往调查，所得结论，外间传说全无根据，而暴民不信，竟围教堂。法领怒而于崇厚前鸣枪，出而于教堂附近枪击府官。暴民因殴杀之，毁坏教堂，杀害教士等五十余名，并劫其他教士住宅，驻京公使共同抗议。太后饬曾国藩赴津查办。

曾国藩抵津，言者不一，朝臣不知案之始末，竟言备战，太后且信仁慈堂有人心人眼，而曾国藩奏称并无迷拐人口之事，挖眼剖心，全属谣传，士大夫闻而讥之。曾亦不肯查拿正凶，法代办提出要求多端，如府县官抵命。曾则除惩凶赔偿损失而外，概不之许，形势趋于严重。朝命大员赴津会办，仍无进步，太后谕李鸿章将兵入直，曾国藩调兵防守要害，并令沿江沿海之督抚严行戒备。法则以军舰示威，战祸将起。李鸿章奉旨为直督，给与教堂银四十六万两，崇厚赴法道歉，府县官发往黑龙江效力，捕杀凶犯。醇亲王奕譞视为让步太甚，愤而辞职。总署大臣监于往事，订成管理教士章程，其主意则教士顾及中国之习俗，不得侵犯官吏之权，对于奉教者，必先查明来历身家也。各国公使意见不一，未有成功。士大夫思想一无改变，教案仍为外交上问题之一。

商业权利　列强与中国订成条约，多谋促进商业。同治末年，欧、亚益便，其明显之证，则同治八年（一八六九），苏彝士运河开通，驶行欧、亚之船只不再绕道非洲好望角，路程减少。同治十年，上海、伦敦间海线完成，商情报告，由是大便。外商于吾国享受之权利，超过于任何先进国家给与外商之权利，就本国商人而言，亦远不及其待遇之优厚。其造成之原因，一则政治哲学轻视商业，朝臣疆吏多不明了经济原理，不知适当应付新环境之方法。一则本国商人资本短少，类多未受良好之教育，又无类似商会之组织，维持或保护其利益。一则外国科学发达，轮船驶行于吾国商埠，国内唯有帆船驶行，何能与之竞争？外船遂处于优利地位。外商享受之特殊权利凡三：

（一）沿海及内河贸易　外船行驶于一国海岸，凡至一港，例须纳税一次。南京条约开放五口，未有若何规定，善后约章亦未载明。中、美望厦条约始许外船纳一次税后，驶行其他口岸，无须纳税。此乃本国船只享受之权利，竟许外人共之。及长江开放三口，外船行驶江内各口，亦得享受同等之权利。军舰以保护侨民为名，因得自由行驶于内河。

（二）领事裁判权　外商处于被告地位，无论个人或其财产，均不受中国法律之拘束，法官之审判。凡本国商人所纳之捐税，可得拒绝不付；且重要或商业发达之商港，列强多有租界，界内成一特别区域，非中国官员所能管辖或能干预，其在吾国诚所谓有权利而无义务也。

（三）子口半税　征收商货税之机关，主要者有江海关、常关及厘金局。本国商人无论贩运国货、洋货，凡遇关局均须纳税，路程远者税金或超过物价。外商根据条约，纳百分之五正税及百分之二·五子口半税而已。子口半税为厘金之代替税，凡外商贩运洋货及国内土产，纳此税者免去其他捐税。本国商人贩运者，仍旧照纳，乃不能与外商竞争，诚工商业之自杀政策也。

海关之改组　于此情状之下，国人全为传统思想所束缚，既未觉悟，亦不知应付方法，乃受支配于环境，随世事为转移。其倒行逆施不足以为人患，徒自损失，而久处于衰弱之情状，增加人民之痛苦，备受强国之欺侮。己不如人，既不振作，又不模仿，古所谓绝物也。士大夫之居高位者，多属于此，误国之罪大矣。失望期内，其较有成绩者，当为海关。海关雇用外人，授以大权，始于咸丰四年（一八五四），上海小刀会作乱，无法征税，道台迫而商于领事，雇用外人，改组海关也。其试验之结果，外人认为满意，《天津条约》承认推行此制于他口，各地江海关先后改组，革去弊端，成绩昭著。总署先命英人李泰国为总税务司，后命赫德充任。赫德深为总署大臣所信，颇有建设，顾亦迫于环境，非自动改革也。

第九章

光绪初年之内政

德宗入承大统　慈禧之专横　亲王之重用　德宗之无权　朝廷之软弱　仕途之困难　财政状况　陆军　海军　言官之乱政　农民之状况　国际贸易

德宗入承大统　穆宗病死，尚未有子，两宫太后召集御前会议，慈禧主立醇亲王奕譞之子载湉。载湉时年四岁，为慈禧之妹所出，可视如己子，且其年幼，可久专政。载湉嗣位，是为德宗，改元光绪，时一八七五年也。太后谕称"载湉承继文宗显皇帝为子，入承统为嗣皇帝，俟嗣皇帝生有皇子，即承继大行皇帝为嗣"。大行皇帝指穆宗而言，尚无嗣子，德宗承继文宗，朝臣有疑太后不为大行皇帝立后者，奏请立一铁券，载明皇帝生子，承继大行皇帝为嗣，接承统绪，竟奉旨申斥。光绪五年（一八七九），穆宗及皇后安葬，吏部主事吴可读尸谏，遗疏请皇太后明降谕旨，将来大统仍归承继大行皇帝嗣子。太后得奏，谕朝臣复奏，奏入，旨称吴可读之请，与本朝家法不合，皇帝日后生子，自能慎选元良，继承穆宗，问题方始解决。

慈禧之专横　德宗即位，太后垂帘听政为当然之事，王公大臣循例奏请，懿旨许之，且曰："一俟嗣皇帝典学有成即行归政。"二宫太后听政既久，性情不同，慈安旋死，时光绪七年（一八八一）春也。慈禧欲矫向时敷衍政策，谋有所为，顾囿于环境及传统思想，不能决定大计，有所改革，徒寄耳目于言官。言官妄发议论，根据莫须有之辞，攻讦人私，或阻挠新事业之创办，反而有害于政也。

亲王之重用 慈禧临朝，仍用亲王宦官，恭亲王奕䜣于同治中叶已为慈禧所恶，免去议政王大臣，后谏阻修筑圆明园为帝严责，改降郡王，及德宗嗣位，仍在军机处行走，兼办外交事宜。顾王多所顾虑，小心益甚，不敢再有所言，光绪十年（一八八四），驻防安南北部之兵败溃，太后斥其因循误公，开去差使，军机大臣同之去职者甚多。太后诏礼亲王世铎在军机处行走，贝勒奕劻在总署办事。二人皆为庸才，一无建树，其得重用者，盖善于逢迎，为太后所喜也。奕劻俄升至郡王，后且亲王矣。德宗生父奕譞，遇有国家大事，亦得有所奏请，或有建议。朝廷于中、法战后，深知海军之重要，奕譞主持海军衙门，衙门组织近于军机处总署。宦官则总管太监李莲英最为太后所信，收贿招摇，均所不免，帝虽知之，亦无奈何。

德宗之无权 德宗年幼入宫，宫中礼节繁琐，遂无母子之亲，又无昆季之爱，唯师傅翁同龢为其所亲昵。太后久握政权，而帝年龄已长，乃于十二年（一八八六）渝称明年正月举行归政典礼。识者知其意旨，争言不可。奕譞奏曰："将来大婚后，一切典礼规模，咸赖训教饬诫，即内廷寻常事件，亦不可少弛。前微臣愚以为归政后，必须永照现在规制，一切事件先请懿旨，再于皇帝前奏闻。"军机大臣世铎等奏请太后"于明年皇上亲政后，仍每日召见臣工，披览章奏，俾皇上随时随事亲承指示，非第用人行政大端有所禀承，即现在一切变通整顿之事，及中外交涉一切机宜，皆得躬奉徽猷。备聆心法"。懿旨尚不之许，但称调护提撕，不容卸责。大臣再以为请，皇帝亦再四恳求，乃允于皇帝亲政后，再行训政数年。十五年（一八八九），德宗大婚，立那拉氏为皇后，慈禧侄女也，进朝臣长叙二女为妃，曰瑾妃珍妃。

朝廷之软弱 太后听政，对于兴革大政，常无主见，疆吏之权益重。朝臣张观准奏称，乱后督抚每有便宜陈奏，朝廷往往曲为允从，积久疆臣建议多行，廷臣条奏仍交其酌议。道光以前（十九世纪初叶），各省有大用度，得奏方敢动用，惟赈饥可便宜行事。乱后于款用后，不过一报了事。此就一二端而言，大臣固欲矫正内轻外重之弊，无奈朝中无一远见之政治家，其所指摘者多属无足轻重之事，何能有所成功？实际上任用之人，多由军机大臣拟进，外臣引见亦由枢臣询问，其他位殆视前重要，惜其人不知利用时机，本于门户之见，互相忌嫉耳。其相争也，无一公开辩论，而唯阴谋相尚，秘密活动，无论对方人才若何，计划若何，徒从事于破坏而已。

仕途之困难　各省吏治多因仕途之冗杂，无法整顿，正途出身者，任用亦遥遥无期。御史彭世昌奏曰："正途到部者，求补一缺，动需一二十年。吏部虽有选班，亦非一二十年不能轮到。壮年通籍，则白首为郎，暮齿分曹，则半途求去，人才抑塞，欲进无由。"情状殊亦可哀！正途出身，以入翰林院为幸，散馆考试，名列高等者，例授编修检讨，次则分派，为六部属员，次则铨选知县。彭氏所言指各部候补官而言，多者一部数百，少者亦不少百数十员，故任用无期也。各省候补官员杂有武功及捐班出身，尤形拥挤，幸而得一官职或一差委，俸给又少，不得不营私舞弊，或受人馈遗。其人视官为营业，既欲获得花利，又顾及将来生活费用，不得不如此也。其治理一地，主要职守，则为征收钱粮，维持治安。境内获有匪盗，则用非刑拷问，其名目繁夥，言之心悸。人民无罪如为人作证，或因嫌疑羁候之人，例"无赡养明文，一入班房，生死即在胥吏之手"。讼狱为胥吏生财方法之一，官员亦可得贿致富也。

财政状况　财政状况，视同治时为佳，其主因则内乱已平，军饷稍减，政府收入且因关税之增加，厘金局之创办，颇有增加。初清代中叶，收入年约四千万两，库有余金，其收入以田赋为大宗，约三千万两，盐税次之，约四五百万两，关税又次之，约三百万两，捐输虽非经常收入，开捐之年常在三四百万两之间。嘉庆而后，政府支出增加，始患入不敷出。咸丰朝内乱孔亟，收入只及往日十分之三四，乱平之后，江、浙诸省荒地甚多，田赋稍有减少。盐税捐输，未有重要之增减，关税则以国际贸易视前发达，海关税吏办事认真，香港澳门漏税问题次第解决，收入增达一千余万。厘金原为军兴创办之税，初欲于军事平定，即行废除，乃因征收日久，督抚视为地方重要收入，不肯裁撤，年约一千余万，合计年凡六千余万。支出以皇室经费及军政费为大宗，新设之机关如各省机械局福建船厂，创办海军等，需款甚巨，平日收入尚可足用，一遇战事，则借外债。顾自十四年（一八八八）后，户部采紧缩政策，不购军舰军火，收入尚有赢余，中日战争之年，外债几将还清。

陆军 军队自内乱平定，可分为三，一曰旗兵，不堪战斗，无足轻重。二曰绿营，扰民有余，战斗力弱。三曰勇，湘军、淮军，皆其例也。勇丁饷银较厚，指挥得人，以勇敢善战，称著于时。顾其军器恶劣，勇丁未受严格之操练，实不足以称新军。外人操练之兵，人数无几，教官先后解雇，未有影响于时。其困难则新兵需款太巨，而朝臣疆吏又不信任外人也。国中军队凡六十余万，缺额甚多。左宗棠奉旨查覆湖广总督李瀚章参案，论及军队曰："原奏湖北防军，每营虽称五百名，实仅三百名，口粮悉为营官侵蚀，火长夫银悉归统领侵蚀。所冒领之军器军装，变卖分肥。臣按言者所陈各情节，实各省通弊。臣就所历闽、浙、陕、甘等处言之，无不如此。"左氏所言，根据亲身经验，无可非议，此对外战争失败之一原因也。

海军 关于海军，中国沿海诸省，多设水师，内乱平后，长江亦设水师。顾其战斗力弱，不足以抗军舰。上海、马尾各设船厂，马尾船厂规模较大，糜款甚巨，不幸不善经营，积弊太深，以致造船不多，朝臣有奏请停办者，终无改革。识者乃欲购买外舰。光绪元年（一八七五），朝廷议定海防费四百万两，命各省筹拨，初则尚有解款，后多托辞推诿，购买兵船，由直隶总督李鸿章主持。其所置者多为蚊子船，江苏长官亦有购买，北方又筑大沽、旅顺炮台。后中、法战起，福建兵船尽毁，遣往台湾援兵无法运输，朝臣疆吏益知海军之重要。会新购二只铁甲船来华，朝廷诏设海军衙门，命醇亲王奕譞等管理海军事务衙门，建筑威海卫港，雇用英人为教官，成立北洋舰队。后教官去职，部议反对购买军火兵船，海防费一部分且移作修筑颐和园之用。海军将佐多为闽人，不服提督丁汝昌管理，纪律颇为废弛，南洋舰队实力更弱，无足轻重。

言官之乱政　政治上未有改革，一二新事业之创办，全受支配于环境，亦非彻底觉悟之表现。太后不知新时代之问题，国内之需要。而徒囿于传说，轻信言官，一则以为可收集思广益之效，一则视为耳目，监督大臣，一则遇有水旱星变，诏求直言。由是朝议纷杂，大臣畏首畏尾，不敢负责，备员充位而已。遇有外交争执，言者往往上书争论，实则昧于世界大势，不知此事之症结，徒唱高调，牵强附会，贻误国家。其人借以求名，时流更奖奉之，造成虚矫之习气，及其出而任事，荒谬或过于其参奏之大臣。郭嵩焘留心国事，深知其弊，尝痛言之。其警切之语曰：

> 若视其大臣日在猜嫌之中，而使疏远小臣，揭发其阴私，指摘其小过，以矜激直。庙堂之上，荆棘丛生，大臣救过不遑，互相交结，各顾其私，为害反甚。……国君进贤如不得已，若因一言之有当圣心，遽资倚任，加之显擢，群怀希倖，相率效尤。倚托攘斥夷狄之美名，人挟一疏，急求荣进，迨至事件属己，变故骤兴，迁就仓皇，周章失措，流俗无知，摘其章疏告示，传以为笑。

郭氏时已退休，所言无所顾忌，深切时病。要之，中国之旧日思想，多为古代之产物，不足应付新时代之问题。朝臣上无明决之君主，远见之政治家，决定大计，终不易改革积弊，跃为强国，惟受环境之推移与压迫，亦不得不创办新事业焉。兹略言其主要者于下。

（一）海关　初五口开放，各有海关，关吏勒索舞弊，均所不免。上海国际贸易渐占重要地位，及上海小刀会作乱，外人抗不纳税，关道迫而商于领事，雇用外人，征收税银，《天津条约》而后，推行其制于其他商埠。同治二年（一八六三），赫德奉命为总税务司，俄设官署于北京，更提税银，设置浮椿塔表等，便利航行，唯香港、澳门漏税，光绪中叶，方始解决。所可惜者，高级关吏，皆为外人。外人为中国雇员，理论上主权虽未丧失，事实上则海关行政权反操于外人。

（二）交通　世界交通以科学之进步，趋于便利。咸丰初年，轮船驶行于沿海口岸，及长江开放，往来于内河商埠。国内帆船不能与之相争，识者忧之。李鸿章拨款创设招商局，购买轮船，运输漕米，终以不善经营，亏耗甚巨，幸赖李鸿章之维持，基础始固，然尚不敌外船之势力。铁路亦为主要交通事业之一，英商初筑淞沪铁路，江督出款购而毁之。李鸿章等筹筑铁路，亦为言者反对而罢，乃以军舰需煤，筑成唐山胥各庄铁路，后用海军衙门之力，将其延长，南至大沽，北达山海关，为中、日战前中国唯一之铁路。电报传递信息，可称迅速，外商初自香港设置海线，直达上海，朝廷尚不欲架设。及中、俄伊犁交涉案起，始知其便，准许架设，初为官督商办，敷设电线，达于各省，惟湘南绅士反对，未达长沙。

（三）教育　旧教育轻视知识，不适于用。识者建议利用同文馆，讲习天文、算术等。守旧大臣尚百方反对，由是设备较为完备之新学校，未能养成有用之人才。地方创设之方言馆等，更多有名无实。朝廷遣幼童渡美，光绪初年，竟将其撤回，亦有留而继续读书者，顾初不为人所重视，未有影响于时。光绪二年（一八七二），李鸿章遣军官卞长胜等七人渡德，学习军事。所可怪者，其人不通德语，中有不肯学习，并阻他人学习之事。马尾船厂派学生赴英、法学习造船等科，以三年为期；期限太短，未有明显之成绩。李鸿章创设之武备学堂等，办理殊未得法，亦不足称。

农民之状况　政治上未有改革，民众以耕种为业，足不出百里之外，多为习俗所拘，社会尚未受外影响，或其势力所支配，民间犹为自耕自给之社会。男耕种，女纺织，家有余粟，以市生活必需之品，所织之粗布可供一家之用。大乱平定之初，土地荒芜者多，农民耕地有余，生活尚不十分困难。其主因则国内交通不便，剩余之谷，无法运出，且官吏绅士囿于传统思想，禁止运谷出境也。于是谷价低廉，土地较瘠之区，所得甚或不足以供赋税，农民不愿多所耕种，一遇水旱之灾，生计即感困难，此就大杀后地广人稀之区域而言。户口繁密之区，更形艰苦，识者忧患人口过剩，实有所见，闽、粤壮者尚至海外谋生，北方人民出路较少，又广殖罂粟，一遇灾荒，情状尤苦，山西则其明证。山西于光绪三年（一八七八）大旱，阎敬铭奉旨办赈。奏言其见闻曰：

> 奉命周历灾区．往来二三千里，目之所见皆系鹄面鸠形，耳之所闻无非男啼女哭，冬令北风怒号，林谷冰冻，一日再食，尚不能以御寒，彻旦久饥，更复何以度活？甚至枯骸塞途，绕车而过，残喘呼救，望地而僵。统计一省之内，每日饿毙者，何止千人？

朝廷诏免田赋，拨款救济，国内海外均有捐款，而死者据时人估计约五百万人。其数不免太巨，而死亡者多，固一事实。其造成之主因，则交通不便也，此乃凶年之一例耳。易子而食，又于光绪十八年（一八九二），实现于山西。小灾更不可胜纪。非有大规模之建设，筹谋人民之生计，殆不能有所补救。灾后之救济，固非根本办法。闽、粤人民住于外国者，政府初未予以保护，法令禁其回国。其工作于外者，多为外人贩运而往，俗谓猪仔贸易，备受虐待。政府设法补救，而美国已反对华工入境矣。移民虽不足以解决人口问题，固生计困难之表现也。

国际贸易　中国时为自给之社会。国际贸易于光绪初年，货值凡银一万三四千万两，中、日战后，始大增加。输出货物，初以茶叶为最重要，后则丝占第一位。其原因则竞争者多，政府又自摧残也。丝亦有日货竞争。其他物品尚有糖、皮、棉花、黄豆等。输入初以鸦片为最重要，后因国内种殖外烟，自八万箱降至六万余箱。棉织品取而代居第一。其他物品，有火油、铁、煤、火柴等。奢侈品亦渐增加。关于商船，国内船只甚多，乃因轮船行驶于国内要港，不能与之竞争，大受淘汰，船户失业者众，政府未有救济办法。招商局亦不足与外船相抗。此人民生计趋于困难之一原因也。

第十章

光绪初年之外交

外交机关　中、日台湾交涉　琉球之丧失　中、日朝鲜交涉　伊犁交涉　对俄交涉之失败　马嘉理案《烟台条约》中、英西藏交涉　安南交涉之起始　战争之经过　和约之成立　其他国家　外交之总论

外交机关　德宗于一八七五年嗣位，国势不振，而外交上之问题益多。主持外交之机关，京中有总理衙门，大臣奉旨在署办事者，常在八九人以上，以王大臣为首。恭亲王奕䜣免职后，总署大臣或无兼任军机大臣者，办事不免增加困难。外交上重大问题，总署往往征问李鸿章之意见。李任直隶总督，兼北洋大臣，其意见常为朝廷所接受。驻外公使馆之成立，始于光绪三年（一八七七）。公使驻于一国，兼理二国或二国以上之外交事务，盖其时事务尚少，政府且以人才难得，财政困难也。时人轻视出使外国，初则多不愿往，政府奖励备至，后乃视为仕途捷径，求充使馆属员焉。就外交问题而言，仍不出传教、商业及边疆藩属之范围，朝廷未有觉悟，觐见之争执即其明例。教案亦多出于民间之误会，及官吏之未切实予以保护，性质同于以前，无须多论。藩属则因列强之侵略，次第丧失。

兹为便利之计，分言列强与中国之交涉。

中、日台湾交涉　日本于同治末年，遣使订约，独不得享受商业上最惠国之待遇。钦使副岛种臣入京换约，深得不良之印象而归。其使命一为换约修好，一为询问琉球、朝鲜藩属问题。总署大臣不知其用心之深，口头上有推诿不问之意。日本武功派遂欲出兵征韩；初明治维新，日使迭至朝鲜，韩王以其违反旧例，不肯遣使至日，故武功派欲兴师伐韩。文治派自欧洲返国，坚持不可，作为罢论。武功派大臣相率去职，国内将有扰乱，政府乃出兵台湾。先是，琉球船于台湾遇难，水手为生番所杀害，日人视琉球为藩属，有倡出兵讨番者。台湾为中国领土，琉球且其藩属，固无须日人过问。同治十三年（一八七四），日兵渡台，战败台南番人。朝廷得报，对日抗议，遣兵渡台，战祸将起。日皇遣大使大久保利通入京，交涉久未进步，后赖英使调停，始得解决。其主要条件，则顾全日本体面，认其出兵为保民义举，中国出银十万两，抚恤难民家属，给银四十万两，作为补偿费，于是日兵撤退。

琉球之丧失　台案解决，日本积极经营琉球。琉球名义上为中、日属国，实际上则内政外交均其国王自主。日本废藩为县，仍以琉王朝贡中国，至是，命其改用日历，干涉其内政。琉王遣使至闽乞援，中国抗议，日本推诿，光绪五年（一八七九），反而改为冲绳县，变涉趋于严重。美前任总统格兰德出而调停，日本主张瓜分琉球，并请修改条约，其具体办法则二国商人各得享受最惠国之待遇也。总署大臣不可。会中、俄伊犁交涉案起，朝臣有请解决中、日悬案，免日本助俄者。日使乘机交涉，议定南岛归于中国，及添入最惠国待遇条款，将签字矣。朝臣忽有言其断不可者，李鸿章主张亦变，力言不可，且曰："宁可屈志于俄，亦何必计及日本之有无扛帮耶？"由是朝议庞杂，前议无效。后日本别有建议，亦为朝臣疆吏所拒绝，乃以不解决为解决，琉球终并于日矣。

中、日朝鲜交涉　其尤难于解决者，当为朝鲜之争执。朝鲜久列屏藩，朝贡甚勤。光绪元年（一八七五），日舰驶近其海岸，造成冲突。日使请求总署，发给护照，并派人前往。总署坚持不可，日使声称朝鲜为独立之国，其政府派员直接交涉，成立江华条约，否认朝鲜属于中国，朝鲜开放二港，并许日人享受领事裁判权。日、韩条约成立，俄国亦欲有所活动。中国劝说朝鲜与外国订约，后且为之订成韩、美商约，英、德诸国亦遣使订约。会朝鲜内乱，叛人杀害大臣，并及日本武官，焚毁使馆，日本出兵。中国亦遣兵舰至韩，捕送李昰应来华，韩王生父也。日本对韩，仍多要求，并得驻兵保护使馆。朝廷始乃改变政策，促进中、韩之关系。中、法战起，日使勾结亲日派为乱，刺死大臣，拥王自主，召请日兵入卫。中国亦有军队驻于韩京，出而平乱，日人颇有死伤。日、韩再订条约，和平解决。日皇遣重臣伊藤博文来华，与李鸿章订成《天津条约》。二国撤退驻韩军队，各不干涉朝鲜练兵，将来一国出兵朝鲜，须通知其订约国。约成，中、日邦交并无进步，问题尚多，终遂酿成战祸（其事详后）。

伊犁交涉　新疆与俄国连接，及回人叛乱，俄兵进据伊犁。后左宗棠平定天山南路，总署向俄使索还伊犁，不得，朝廷命崇厚赴俄交涉。崇厚原未办理重要交涉，又不明知边疆地理，除索还伊犁城外，尽许俄请。中国丧失伊犁以西领土，及天山要塞，给俄五百万卢布（合银二百八十万两），让与陆路通商权利，此光绪五年（一八七九）事也。太后饬疆吏覆奏，覆奏多论其非，朝臣言尤激昂，甚者主持战议。崇厚奉旨革职治罪，定为斩监候。俄认斩杀崇厚，二国邦交，即行断绝，遣兵舰示威。总署始知廷议之非，识者亦言不可与俄启衅，乃筹挽救之策。朝廷招回左宗棠，诏曾纪泽使俄。曾纪泽出使英、法，负有能名，至是，奏言战守均不足恃，主张和平解决。其交涉方针，则力争割让之疆土，通商可酌更易，余宜许之。入俄之后，婉辞磋商，迟至光绪七年（一八八一），始能订成条约。中国收回一部分土地，允许勘定塔城及天山南路地界。新疆贸易暂不收税，肃州吐鲁番得置领事。中国给俄九百万卢布，合银五百万两。

对俄交涉之失败　中、俄派员勘定边界，先后成立三约，一曰伊犁界约，二曰喀什噶尔界约，三曰塔城科布多界约，华官多应俄官之要求，丧失之土地甚广，有疆界先已划明，俄官复请改订者。俄官更商借巴尔鲁克山为俄人游牧十年。山在伊犁之西，草木丰盛，地扼险要。新疆之西为帕米尔高原，地为中、俄、英边防重地，中、俄先未派员于此勘界，英患俄人之逼，劝说中国收管其地。会俄兵入境，总署向俄抗议。俄兵旋去，其政府竟称中国拓土，要求撤卡，相持不下。值英属阿富汗兵侵入，俄兵亦至。总署照会俄国撤兵，俄以阿富汗为词，交涉久无进展。英、俄界约议定，中、俄争执仍未解决。后中、日战起，总署无暇兼顾，俄国据为己有矣。其在东北，俄人侵占珲春边界，并召韩人开垦。初奕山订约割让广大疆域之后，侍郎成琦会同俄使重定界约，至是，复订界约。中国无往而不处于失败地位。关于商业，边境百里以内之贸易概行免税，俄货运至天津或肃州者，按照海关税则减收三分之一。

马嘉理案　英国在华商业最为发达，谋欲利用《天津条约》，修改条款，多得权利。新约成立，以商人反对而罢。修约之心，固未改变，后乃利用云南马嘉理案，订成《烟台条约》。云南地接缅甸，古有交通贸易之路。缅甸原为中国朝贡之藩属，但内政外交自主，缅王与英构衅，败而乞和，割让土地，变为英之保护国。清廷亦不之问，英人谋自缅甸探求入滇之路，途中被阻。同治十三年（一八七四），英探检队奉命往滇。译员马嘉理往迎，滇人疑之，明年，被杀，滇兵并阻探检队入境。英使威妥玛闻报，要求多端，总署坚持不应，独许英员观审。朝廷派湖广总督李瀚章查办。李氏有推诿之词，英使在津露有决裂之意，进而要求六项，中有与滇案无关者。李鸿章请酌许一二。英使更提出七项条件，交涉未有进展，威妥玛入京。

《烟台条约》　英使在京交涉，李鸿章前已允许者，总署大臣亦持不可，乃率随员出京。会李瀚章入滇，交涉停顿，盖待其报告决定责任也。明年（一八七六），李瀚章奏称，马嘉理之死，系野人索过山礼不遂所杀。威妥玛已得印度长官之报告，谓为滇抚岑毓英所指使，要求提京覆审，不得，转而提出补偿条件，如公使待遇，商业利益。总署不可，英使另提条件，仍无成功，乃称出京，总署迫而让步，然未餍其欲望，竟同属员赴沪。朝廷接受赫德之建议，派李鸿章为全权大臣，乃于烟台举行会议，七月订成条约，名曰《烟台条约》。其要款如下：

一、昭雪滇案，朝廷表示歉意，给恤银二十万两，并许英人入滇调查。

二、承认英设承审公堂，并许英官派员观审关于英人之命盗案。

三、开放宜昌、芜湖、温州、北海为商埠，长江内外轮船得于大通、安庆、湖口、武穴、陆溪口、沙市停泊，上下客商。

四、准许英员游历甘肃、青海，或由四川入藏，前往印度。

今观主要条款，中国让步可谓太甚，英商则以条约重税鸦片，免厘限于租界，群起反对。英政府迟至光绪十一年（一八八五）始行批准。其年新订续约，规定鸦片厘金每箱八十两故也。论者谓此为李鸿章之外交胜利。交涉之困难，则马嘉理之被杀，系岑毓英之主使，朝臣坚不欲以外交问题，处罚大员，故颇处于不利地位。李鸿章之所允许者，总署大臣先多许之矣，其能成功者，李氏接受外人之建议，倘会议失败，将遣人渡英交涉，且威妥玛之行动，固非其政府外交政策也。

马嘉理案因调查滇、缅交通之路而起，《烟台条约》解决商业及待遇争执，而缅甸藩属问题尚未提及，名义上仍为中国藩属，事实上主权多握于英人之手。缅王深恶英人，谋与法国相结，会法并安南（一八八五），英人益欲兼并缅甸。钦差曾纪泽先电报总署，并请招降拓界，总署覆称不可。及英、缅战起，曾使奉旨向英交涉，保全缅祀，不得改议朝贡拓界。英颇让步，条件将成，而总署以地为野人所居，力持异议。会曾使回国，前议作罢。其时英欲派员入藏，并议印、藏通商章程。喇嘛不愿与英人往来，总署无奈，光绪十二年（一八八六），乃应英使欧格讷之请，议订缅甸条约，英许中止派员入藏及议商约，其他要款凡三：一、每届十年，缅甸派员进呈贡物。二、英国在缅有自由处置之权。三、二国派员勘界，并订通商章程。约成勘界，商约久未提及，光绪二十年（一八九四）始乃成立。英许中国展界，并让与在缅之商业权利。

中、英西藏交涉　西藏与印度接壤，鸦片战后，英使数言勘定边界，朝廷置而不问。驻藏办事大臣，乃不与闻西藏之政事。藏人信奉喇嘛教，奉达赖喇嘛为首领，其地为亚洲高原，交通不便，向持闭关政策，喇嘛闻知英人侵略印度，不愿与之往来。烟台条约成立而后，英欲遣员入藏游历，喇嘛反对，川督丁宝桢派员入藏，亦为藏官拦阻，而英使要求不已。朝廷谕丁宝桢遣员开导，终无办法。及《缅甸条约》成立，英许放弃入藏之要求，而边疆问题固未解决，光绪十四年（一八八八），遂以哲孟雄筑路问题，引起冲突。哲孟雄旧为藏属，至是归英保护，藏兵阻其筑路，英使向总署交涉。喇嘛不奉朝旨，不肯撤兵，印兵攻毁其兵营，喇嘛不听晓谕，聚大军再战，兵又败溃。驻藏大臣出而调停，印度总督要求多端，朝廷派税务司赫政（赫德子）入印交涉，订成条约，和平解决。喇嘛仍力反对通商，阻挠缔结商约，迟至三年，商约始乃成立。喇嘛不肯遵守条约，开放商埠，朝廷无如之何，终予印度总督出兵之口实。

安南交涉之起始　安南久为中国藩属，而向不问其内政外交。十九世纪中叶，安南杀害天主教之神父，法及西班牙出兵，安南屈服，割地于法。后又起衅，安南战败，迫而签定新约，否认属于何国，开放红江，割让土地。新约送至总署，总署不肯承认，安南亦无开放红河之意，法将用兵。光绪六年（一八八〇）曾纪泽照会法国，称安南属于中国，法称并无并吞之心，唯欲安南遵守条约。越王先曾召抚中国边人，有黑旗军者助之，阻其开放红河，势将开战，清廷遣军驻于河内，以备万一。会李鸿章与法使议妥办法，而法政府不肯批准，招回公使，不愿与曾纪泽交涉，派德理固来华。德理固态度初极强硬，后愿让步解决，而李鸿章托辞推诿，其困难则朝臣疆吏莫不主战也。于是和议停顿，法军攻陷京城附近炮台，强其承认归法保护，并管其内政外交。德理固再行提出办法，乃因划界之争执，仍无所成。德理固竟称凡在北圻境内手持兵械者，概作土匪驱逐，于是欲与华军作战矣。

战争之经过　光绪九年（一八八三）冬，法军进攻黑旗军，败之，乘胜战败驻于北宁之华兵。太后诏免恭亲王奕䜣之职，查办战守不力之统将，而势仍无挽救，滇军且不待朝旨，退守边界。明年，法舰队来华，其长官与李鸿章议成简明条约，中国撤兵，放弃安南，法国不索兵费，不侵边地，而朝旨尚欲维持藩属，朝臣仍力主战。上谕又责李鸿章因循畏葸，以致无法撤兵，及法兵进至谅山，战祸复起。法政府要求赔款，训令舰队北上，清廷亦谕沿海督抚备战。会法新任公使巴德诺来沪，和议以赔款争执，未有所成。法舰开始活动，攻毁台北基隆炮台，毁灭闽江内之兵船。台湾幸淮将刘铭传固守，未致陷失。光绪十一年（一八八五），法军进攻谅山，守军败溃，退至镇南关，形势危急，幸冯子材等截杀进兵，鼓励士气，并新得援兵，战败进攻之法军。沿海战争，则法舰攻据澎湖，朝廷始有和意。

和约之成立　初中、法战起，李鸿章知力不敌，主张和平解决，朝廷则持战议。英国调停未有效果，及法军进至镇南关，法国露意愿照简明条约，别无所求。会法军败退，李鸿章、曾纪泽均谓此时议和，尚觉体面。法使巴德诺至津，与李鸿章订约，李氏尽许其请，签定条约。法国统治安南，二国派员勘界，日后议订商约，在越华人归法保护。法国撤退台湾、澎湖驻兵。旋商约成立，中国开放龙州、蒙自、蛮耗为商埠，得设领事于河内、海防。陆路通商，输入洋货按照海关税则减收十分之三，输出土货减少十分之四。今观主要条款，中国丧失安南，又给法国权利。在越侨民，虽有优待之明文，然而交纳丁税，中国待外人未之有也。

其他国家　外国订约通商者尚多，殆无一一分述之必要。其中重要者当推美、德，兹略言之。美国在华商业尚称发达，传教牧师亦颇活动。二国外交史上之大事，当为美国排斥华工，其政府乃欲限制华工入境，久始商得总署同意，后且令其注册。白人对于华工观念，迄未更改，终遂不待中国同意，自由禁止其入境矣。德国统一较迟，但于中国亟欲多得权利，迭请修约未能如愿。及中、英《烟台条约》成立，德使再行提出要求，迟至光绪六年（一八八〇）始能成立。中国允许外船泊于吴淞起卸货，减轻土煤出口税。

外交之总论　综之，光绪初年，政治上、商业上英国之势力最盛，其政府倾向于维持已得之利益，尚无积极展拓领土之心。俄国利用事机，侵占之土地最多，法夺安南，日并琉球，利用中国外交之弱点，总署无人，亦一事实。尤有进者，中国对于藩属，迥异于列强之统治属地，既无官长驻于其国，又不干涉其内政外交。藩属除朝贡而外，毫无关系。及其屈服订约之后，始筹补救之策，已非易事，况多不知始末，知之且欲推诿耶？处于十九世纪竞争时代，政治家不能因时制宜，焉能强国？中国所需要者，莫过于远见之政治家也。

第十一章

中日战争

朝鲜之形势　李鸿章对韩之意见　袁世凯之活动　修约之失败　交涉之严重　改革韩政之争议　调停之失败　战斗力之比较　战争之起始　朝中之情状　日军进犯奉天　北洋舰队之消灭　和议之挫折　李鸿章赴日议和　《马关条约》　三国干涉　善后事宜

朝鲜之形势　中国藩属次第丧失，多由于不负责任及不问其内政外交，光绪中叶而后，始乃改变传统政策。其时朝鲜尚未丧失，而日本、俄国各有野心。韩王李熙庸弱，受制于妃闵氏。大臣朋党争权，不择手段，甚者勾结外人，或以反对外国为名，以致内乱迭起。韩人以历史上之恨恶，仇视日人。日本又先压迫朝鲜，强其缔结条约。日人时已变法，韩人尚极端守旧。日人施其阴谋，而内乱遂迭起。俄国自订《爱珲条约》及《北京条约》，得有中国东北之广大区域，进而与朝鲜为邻，并谋于其海岸得一不冻之良港。英称防俄，占据朝鲜巨文岛，形势日急。

李鸿章对韩之意见　日本于朝鲜第二次乱后，丧失政治上之势力，盖日使助乱，深为其君臣所恶，亲日派又亡命于外也。日政府深患韩王亲俄，雇用俄武官练兵，商请中国派遣大员干涉韩政。日本先不承认朝鲜属于中国，此乃承认中国在韩之优越地位，顾仍欲互商办理，不肯放弃其利益也。李鸿章畏难苟安，不肯改变现状，尝覆出使大臣洪钧论之曰："朝鲜自主其国，由来已久。本非裂地而封，则收回之名为无据。自祖宗之朝不问其国内之政，又不能临以命卿，为置傅相，如周、汉之制也。"其言诚为事实，问题则在维持旧制，是否足以维持藩属之关系，古今形势不同，要当因时制宜，改革朝鲜之弊政，促进中、韩之关系。惜彼失去时机，其办法则送李昰应归国，王父回国之后，一无所补，反而引起其他纠纷。

袁世凯之活动　袁世凯已奉命驻韩，称商务委员。初中国拘捕李昰应，并遣淮军驻于汉城，袁世凯与其主将有旧，佐理营务，平定朝鲜第二次内乱，为李鸿章所信，故有此命。袁氏果决，颇有才能，为韩架设电报，直达凤凰城，并干涉韩政。李熙恶之，遣密使乞俄保护。袁称中国将兴师问罪，韩王乃谓小人假造国宝文书，俄亦不肯承认。其独立之谋，迄未改变，先未商于袁氏，忽派全权大臣出使日、美。中国设法补救，而韩王竟不愿照办，且疏远中国，公然称已纳贿，中国许其停派贡使，实则全为讹言，不过使中国难堪耳。后太妃病死，故事中国吊使至韩，王出郊礼迎。李熙以其有碍自主，托辞拒绝。清廷则欲证明朝鲜藩属吾国，仍遣使往。袁氏在韩颇遇困难，驻韩日使尝欲与之协商办法，而袁谢绝其请，防范其活动甚严，日人亦恶之。

修约之失败　日本对韩表示让步，对于中国邦交较前亲善，乃欲修约。光绪十二年（一八八六），日使盐田三郎向总署交涉。初中、日条约限制二国商人贸易之机会，日本工商业进步，迭请依照他国条约，改为互惠之最惠国待遇，终无所成，至是，复行提出。曾纪泽自欧洲回国，奉旨在总署当差，主张中、日亲善，许而从之。顾总署人多，意见不一，驻日公使徐承祖初言修约甚为不便，终拒，后忽改称无益，国内固少远见之外交家。修约磋商之际，值长崎日警与中国水兵发生互殴，中国方面死伤五十人，遂作罢论。光绪十五年（一八八九），盐田再以为请。总署大臣商于李鸿章，李氏犹豫，且信驻日钦差之言，日本国小民贫，东方有变，不能相助，函复总署，称修日约损多益少，不如借词延宕，或改一二无甚关系利害之事。总署接受其意见，故无所成。日本后再要求，亦为李氏所驳。其政府因禁华商入内地办货。

交涉之严重　中日悬案久未妥协解决，终以对韩问题，酿成战祸。日人深恶袁世凯阻其扩张在韩政治势力，驻韩日使大石正已与韩廷忿争，几致严重之形势。光绪十九年（一八九三），日本外务省商请李鸿章招回袁世凯，外务省即撤换大石，李氏不可。朝鲜亲日派领袖金玉均自作乱失败后，逃往日本，韩廷患其为乱，谋欲杀之。会李鸿章之子经方招之，及抵上海，为韩刺客所杀。中国派舰载送刺客及尸赴韩，值韩刺客又于日本谋刺他人被捕，日警搜查朝鲜使馆，韩使怒而返国。日本舆论大哗，中、日邦交亦颇紧张，乃以东学党之乱，引起改革韩政之争论，造成战祸。东学党为朝鲜民间之秘密会社，韩王不恤民苦，人心思乱，信者日多，光绪十九年聚众数万，韩王将其解散。明年，全罗道古阜郡农民抗税，东学党因而起兵，宣称讨倭斥夷，战败官兵，不受招抚，声势张旺，扬言直攻汉城，匡君救民。

改革韩政之争议　方乱之正炽也，韩臣有请其王向中国乞援者，袁世凯亦以为言。四月，韩王正式乞援，后二日，清廷宣称出兵，驻日钦使汪凤藻通知日本，文有保护属邦之句，外务省不肯承认，并称日本出兵朝鲜，正式通知总署。总署请日不必多派军队，及进入内地，外务省不肯接受此种限制。中、日出兵，党人多逃，余众就抚。日兵驻于汉城，而韩京安堵如常，各国均有非议，其驻韩公使大鸟圭介与袁世凯议商撤兵。五月十三日（六月十六），日外务卿陆奥宗光招见汪凤藻提出整理韩政草案，整理财政，裁冗官，练新兵。汪氏电报总署，总署反对，李鸿章亦言不可。陆奥收得覆文，更照会中国公使，说明立场。其扼要之语曰："非协定将来，足以保持该国（朝鲜）安宁静谧，并保证政治得宜之办法，则帝国政府决难撤兵。……假令贵国政府所见相异，帝国政府亦断不能发令撤去现驻朝鲜之军队。"坚决至是，将单独行动矣。

调停之失败　大鸟新奉训令，改变态度，要求韩王改革内政，并问其是否属于中国。朝鲜答覆迟延，向中国乞援，李鸿章请俄干涉。陆奥亟致密令于大鸟，日兵于韩自由架设电线，建筑兵房。大鸟遂出积极，要求韩廷令清兵退出境外，宣言废除中、韩通商章程。韩王未有确实之答覆，日军竟包围王宫，拥李昰应出，为所欲为矣！中国方面，李鸿章日知时局之严重，说俄干涉，而俄政府向日提出忠告，外务省保证其无侵略朝鲜疆土之意，遂无举动。英国调停，亦无所成。六月十二日（七月十四），日本警告总署，略谓不理其意见，"今后倘生不测之变，我政府不负其责"。于此情状之下，李鸿章建议让步，而总署不可。德宗年青，不知日本实力，主张用兵。其亲臣交章言战，要多动于情感，轻信浮言，不切实际，而在当时，竟为强有力之清议。

战斗力之比较　日本外交官及武官存心挑战，清廷朝臣则空言战，海陆军之战斗力全不之计。初朝廷创办海军，原拟每年筹银四百万两，而各省报解，远不及额，朝廷严令遵行，始能购置军舰，办理海防。中、法安南之役，朝廷重视海军，新设海军衙门主持，值购买之兵船来华，雇英人琅威理为教练官。顾公布之章程多未遵行，海防费一部分移建颐和园，户部又由尚书翁同龢定停购军火之议，自光绪十四年（一八八八）后，未买一只新船。陆军则缺额太多，器械恶劣，淮军虽有洋枪利炮，然而军纪废弛，人数不多。其他军队多不足论。日本自明治维新以来，陆军全用西法，采用征兵制，海军则政府增加预算，扩充实力，甚至与国会冲突，后经调停，始得通过预算。其兵船发炮敏捷，过于我国，而又行驶迅速。总之，日本海陆军均占优势，武人正欲扩张其国力于海外。我国则朝臣疆吏，平素既不努力准备，危急之际，唯以情感妄发议论。误国之罪，其何能辞！

战争之起始　德宗迭谕李鸿章进兵，盖驻韩淮军只有二千余人也。六月中，李鸿章雇英船运兵，更令部将自陆路入韩，而日兵已达一万余人。日本闻知淮军自海上往援，遣舰队出发，并奉有攻击密令。二十三日（七月二十五），遇见华舰于丰岛洋面，发炮轰击，并沉高升运输船。同日，驻于汉城之日军向牙山出发，其地驻有华军也。明日，两军开始交战，淮军凡四千人，以新得援兵，数有增加也。淮军退出牙山，七月一日（八月一日），两国宣战。淮军败后，退守平壤，陆路来援之兵亦至，人数达一万五千，扼守要塞。日军分路前进，采用包围策略，八月中，开始攻击，占领要塞，守兵于夜间弃城出逃，退入鸭绿江西岸。平壤战败后之二日，两国海军激战于黄海，胜利亦归日本。

朝中之情状　海陆军战不能胜，二者均归李鸿章节制，时人以其主和，又以战败，乃深罪之。实际上平壤败后，陆军无新法操练之精兵，舰队军火缺乏，势难再战。慈禧太后召见翁同龢，命传议和密旨于李鸿章，其办法则请俄干涉也。李鸿章商于俄使，未有所成。英使劝李鸿章等早日议和，以朝鲜独立赔偿军费为条件，其政府并商请列强共同干涉，而德宗及其亲信大臣仍持异议，其心理以为日本国贫，不能持久，东北气候严寒，我国士兵力能耐寒，可度其将败也。和议终无所成。朝臣一面大言主战，一面轻信讹言，惶恐之至，远送家眷出京避难，中国所缺乏者，无过于言行一致具有远见能决大计之政治家也。

日军进犯奉天　日本作战之兵，自朝鲜而前，是为第一军。归山县有朋统领，九月末，以重炮掩护，得渡鸭绿江，守兵败逃至九连城。日军乘胜陷之，次第占领奉天东南之城邑。守兵乃守形势险要之摩天岭。日本另遣军队，自金州东之皮子窝登岸，是为第二军，进攻金州，陷之。败兵逃往大连，更退至旅顺，大连重炮反而资敌。朝廷闻报，遣军往援，战不能胜，于是旅顺援绝，人心丧沮，日军进攻，海军助战，一日陷之。日军以守兵戕杀俘虏，捕杀二千人，亦云惨矣。败闻，李鸿章及统兵大员，各得处分，朝臣乃言淮军无用，请用湘军。湘军出关者，亦无战绩。吴大澂所部之败溃，尤其明例。

北洋舰队之消灭　北洋舰队自黄海战后，退入旅顺船坞修理，工毕，驶赴威海卫，盖提督丁汝昌以为旅顺后路警急，各船泊在港内，水道狭隘，不易转动，有损无益，李鸿章且欲保全余舰，不令再战。朝旨调南洋兵船赴援，两江总督刘坤一力言不可，后刘奉命北上，张之洞代为总督，亦奉朝旨，称其毫无用处，不过徒供一击，全归糜烂而已，终未北上。十二月末，日军自威海卫东南之荣成湾登陆，从后路进攻南炮台，陷之。丁汝昌初欲毁之，免其资敌，不果，至是乃自毁北炮台。于是舰队困守刘公岛，日军施用鱼雷，兵舰颇有损失，兵士哗噪欲变，离船登陆。外员劝丁汝昌降，日本海军司令先致书说其出降也。丁氏不可，后欲沉船，毁坏炮台，而部将恐其取怒日人，不肯奉行。又欲突围而出，诸将亦不从，遂仰药死。部下用其名义，致书日本司令言降，约其毋伤军民，司令许之，双方议妥条件，二十一年一月二十二日（一八九五二月十六）出降，北洋舰队遂无余烬。

和议之挫折　清廷失去早日议和之机会，朝臣请用恭亲王奕䜣。奕䜣初无补救，及奉旨督办军务，而军事日急，乃请驻京公使调停，未有所成。太后遣人密商于李鸿章。李遣天津税务司德璀琳赴日，而日本当局不肯接见，外务省向美使表示中国尚无议和之诚意。及旅顺失守，总署主张于上海议和，亦为日本拒绝。德宗仍持战议，但迫于太后之命，诏张荫桓、邵友濂为专使。二人滞留上海，备受匿名揭帖之诋讥，主张和战并行，统兵大员不可意存观望。会日军进攻威海卫，乃奉旨东渡，日皇命伊藤、陆奥为全权大臣，会议于广岛，互勘证书。伊藤称其全权不足，拒绝开议。张、邵二使请换证书，为其所拒，命船送之归于长崎。伊藤私向参赞伍廷芳语，中国宜派恭亲王或李鸿章，外务省亦向美使表示中国宜派“从前能办大事位望甚尊声名素著之员”。

李鸿章赴日议和　会议久未开成，而威海卫已告失守。德宗迫于太后之命，派李鸿章为全权大臣。其东渡也，已知日本主要之条件，赔偿兵费，朝鲜自主，割让土地，及议定商约。总署迭开会议，而终无可奈何。二月中，李鸿章及其属员抵马关，与伊藤、陆奥相见于春帆楼，得知日舰往攻澎湖、台湾。伊藤应李氏之请，提出休战条件甚为严酷，总署得报，商于驻京公使，决定先议条件。李向伊藤要求，日方允许明日提出，会散，李鸿章归馆，狂徒以手枪击之，流血晕绝。日政府大惊，各国皆不直日。日政府为缓和国际间形势计，允许奉天、直隶、山东无条件休战二十一日。伊藤俄提出苛酷之和约，李鸿章电报总署，并请将割让奉天南部、台湾、澎湖，及赔款三万万两之要求，密告英、俄、法使，一面饬其属员草成说帖，要求减轻。

《马关条约》 伊藤不为说帖所动，召李经方密谈，大陈利害。李鸿章迭电总署报告交涉经过，对于日方提出修正案，除朝鲜自主外，中国割让奉天四城澎湖列岛，赔款一万万两，日商照最惠国待遇。伊藤不可，另提出修正案。李请再减赔款割地，而伊藤患列强干涉，强迫李氏早日承认，并称无可再议。朝旨初令李氏商减条件，后据其报告，以为事机紧迫，乃许签定条约。三月二十三日（四月十七），《马关条约》成立。其要款凡六：一、中国承认朝鲜为独立自主国。二、赔款二万万两。三、割让辽东半岛及台湾、澎湖。四、开放苏州、杭州、沙市、重庆，日船得驶往苏州、杭州及四川之重庆，日商得于商埠开设工厂，制造货物。五、二国另订商约。六、日军得驻于威海卫，待赔款付清，商约成立，即行撤退。另订专约，规定威海卫驻兵办法，停战又延长二十一日。李鸿章签约后即归国。

三国干涉 条约损失之重大，引起朝臣疆吏之反对，多请废约再战。张之洞电称连结英、俄，给以西藏、新疆，刘坤一等亦持战议。朝旨饬李鸿章商改条款，李言不可。会俄、德、法提出通牒，要求日本归还辽东。初战事失败，总署商请外国援助，德曾忠告日本不宜要求大陆上之土地，未有效果。及《马关条约》割让辽东，又有干涉之意。俄以日据辽东妨碍其前进，商于英、法、德国，共同干涉。德国许之。法为俄同盟国，表示同意。英则拒绝。三国向日要求，日本迫而许之。清廷亦欲保留台湾，不愿换约，并请三国援助，三国谢绝，始乃换约。关于保全台湾，长官商请英、法保护，一无所成。台绅呈请巡抚唐景崧为台湾民主国“总统”，宣布独立。日遣舰队往攻，占领台北，官吏潜逃，台南尚有刘永福所部防守。秋间，日舰往攻，刘永福亦走。斯役也，日军染疫，死亡颇众。

善后事宜 和议成后善后事宜，有归还辽东及议订商约等。关于还辽，日本要求五千万两，三国定为三千万两，于是中、日议订条约。日本于三月内，撤退奉天驻兵。议订商约，日本要求甚奢，中国则欲挽回权利。争执之问题，日本要求制造之土货不完口岸正税，其商人新得设立工厂之权利故也。中国则欲条约载明领事保护在日华人，久无所成，光绪二十二年（一八九六），订成通商行船章程。争执之问题并未列入。其主要条款，则日人享受列强在华之商业权利也。至于日厂制造货物之征税，则另订成条款。中国承认征税不得多于本国臣民之所纳者，又划给天津、厦门、汉口等地之日本租界。综之，二十四年之中、日交涉所有问题，多解决于《马关条约》，日本地位，自此而后迥异于前，二国之问题益多，中国之损失亦重。

第十二章

瓜分之警

国际形势　三次借债　法国新得之利益　中东铁路交涉　对英之让步　德占胶州湾之始末　租借胶澳条约　俄租旅、大　英租威海卫　法租广州湾　日本要求　意大利要求之失败　铁路建筑权之丧失　损失之综计　门户开放政策之成立

国际形势　三国干涉还辽，各有政治作用，疆吏竟欲利用俄国为我击日，酬以土地权利。俄固不肯无故作战，对于中国则谋多得权利，中、日议订还辽条约，日使要求不得割让于他国，俄使闻而反对，不啻视为势力范围地矣。中国于战败后，不肯变法自强，朝臣疆吏唯欲结援强国，以致谣言蜂起。英使欧格讷归国，论及国际形势曰："昨一电曰德欲占舟山，今一电曰俄欲借旅顺。由是推之，明日法欲占广西，又明日，俄欲占东三省，许之乎？抑拒之也。……今中国危亡已见端矣，各国聚谋，而中国仍熟睡未醒，何耶？"其言发于订约后六月，可谓警切之至。三国自谓有功于中国，索酬原在意料之中，其先争揽者则为借款。

三次借债　外债始于同治初年，政府购买军舰，款项不敷，承办者乃向英商借贷。顾款少期短，无足轻重，后遇战事亦曾借外款，

中、日战前，偿还几尽，战起借款约四千万两。《马关条约》载明赔款二万万两，还辽代价三千万两，而政府收入年凡八千万两，唯有迫而借债。俄请向其借款，法、德亦有要求。总署接受俄请，俄主俄、法银行承借，摈弃德国，其政策则二国合作，巩固其政治地位，并多求权利也。英、德二使迭有陈说，均无效果，借款共四万万法郎，利息四厘，三十六年还清，以关税为担保品，并附有条件。其用意则欲干涉海关也。四万万法郎，合银一万万两；付赔款八千万两，余款无几。二次赔款仍须借贷，英、德商人提出条件，法使亦欲承揽，英使闻之至总署争论，法使忽改前言，乃再与英、德银行磋商。光绪二十二年（一八九六）春，合同成立。中国借款一千六百万镑，年息五厘，三十六年还清，以关税为担保，期内不得改变海关行政，英国借以保障其利益也。

英、德借款合银一万万两，以折扣佣费之故，偿清赔款尚少六七千万，明年，先向英、德银行磋商，然无抵项，未有所成。会德强据胶州湾，国际上之形势剧变，列强各谋扩张势力，要求借款。俄国条件严酷，倘予承认，不啻为其保护国矣。英国条件亦苛，并请开放大连，俄使闻而警告李鸿章。总署以为向英借款，较有利益，商定草约。俄使乃至总署争论，咆哮恫吓，无所不用其极。英使继至，发言亦悍。法使又拦阻借款。俄外交部复来电警告，总署无法应付，声称取消借款。英国竟因此事，要求利益：一、中国不割让扬子江流域于他国；二、开放内河；三、开放南宁、湘潭。总署迫而许之，赔款到期仍须偿付，乃向英、德银行磋商，盖商人借款，俄不反对也。二十四年（一八九八），合同成立。中国借款一千六百万镑，年息四厘半，四十五年还清，担保品为关税，苏州、松沪、浙江东部、九江之厘金，及湖北、安徽之盐税，后二者指定五百万两，归总税务司兼管。海关行政于借款期内，不得更改。

法国新得之利益　借款引起争论，三国索酬，几致瓜分之祸，先得利益者，当为法国，法国干涉还辽，要求改定中、越边界，中国让与澜沧江上流猛乌、乌得，其地本归江洪，曾许英国不割让于他国者。总署大臣不知其详，即应法请，条约将成，英使拦阻无效，忿然而去。二国又订商约，中国开放思茅、河口（代替蛮耗）、龙州、蒙自，土货减税四成，将来开采云南、广西、广东之矿，先向法商矿师商办，并许安南铁路展至中国，俄而法使要求铁路直达龙州。明年（一八九六）夏，总署许之，由是外人得于国内建筑铁路，法国实为倡首。其政府尤重视开矿，据李鸿章书，奕劻许其开采。英以法得利益，亦提出要求，二十三年（一八九七），总署许之。法使再至总署吵闹，要求筑路开矿，及不租借琼州于他国。大臣与之辩论，即攘臂拍案，出语讥讪。总署让步，一一许之，其能成功者，颇得俄使及李鸿章之助。

中东铁路交涉　俄、法为同盟国，互相援助，求得利益。俄筑西伯利亚铁路，欲经中国，直达海参崴。中、日战后，俄报倡言铁路直达黄海，公使许景澄电称其执政大臣有此意，乃竟不待同意，派员入境勘查路线，二十二年（一八九六）春，调查完毕提出要求，总署弗应。会俄皇举行加冕礼，德宗派李鸿章为头等出使大臣赴俄道贺，俄遣军舰迎之，及抵俄京与财相微德相见。微德督办西伯利亚铁路，主张日本还辽，政治上颇有势力，要求中国许俄筑路，经过北满，则日患可抒。倘不许俄公司承办，俄即不能再助中国，俄皇亦以为言。朝臣疆吏方欲结援强国，朝廷未有异议，二国签定密约，共同防御日本，期为十五年。中国许俄筑路，经过黑龙江、吉林，归道胜银行承办。银行系西伯利亚铁路局主办，所谓商办者，徒有虚名。俄而合同成立，铁路照俄成例办理，股票只许华、俄商民购买，开车八十年后无条件归还中国，三十六年后亦许其赎回。更据公司章程，公司受俄财政部之管理与监督，自设警察，开采矿产，并免费运输俄军。论者谓为财政部之分局，实有所见。

对英之让步　中、日战前，中、英邦交较为亲善，战后俄、法之势力大张，及中国割让江洪，英使出而拦阻不得。总署多所顾忌，乃应英请，磋商让地，久无所成，更要求开放西江，总署允许开放，不愿让与土地。而英外部要求二者，且提出之商埠太多，交涉经年，未有进展。英使窦纳乐，尝至拂衣而起，总署让步许之，二十三年（一八九七）春，条约成立，一称《缅约》，中国割让土地，并许将来筑路与缅甸铁路连接。一称《专约》，中国开放梧州、三水、江根墟为商埠，外船得驶往梧州，得于江门、肇庆、德庆等地停泊，上下客货。英国称为防法，实际上亦不过借以多求权利耳。其他要求，尚有租借军港，承办铁路。

德占胶州湾之始末 德国干涉还辽，除得天津、汉口租界而外，尚欲租借海港，德报以之为言，德使绅珂提出要求。总署大臣深恐他国援例，拒绝其请，并令许景澄（兼为驻德公使）向其外交部说明，而外相毫无放松之意。明年（一八九六），绅珂迭以为请，未有进展。会李鸿章游德，德皇提出交换条件，亦未成功。其欲租借者，后始决定胶州湾，时传中、俄密约，许租于俄，实则全为讹言，德亦于中国使馆访知。其新任公使海靖两次要求租借胶州湾五十年，总署大臣坚持不可，海靖商请俄、法公使援助，不得，二十三年，会山东巨野县匪盗杀害德教士二名，德皇即遣舰前来，水兵上岸，要求胶澳守兵于四十八小时内退尽。

朝廷得报，决用外交方法解决，中国兵力远不足以敌德，德所顾虑者，英、俄之态度耳。俄初反对，欲派兵舰驶赴胶澳，德乃向英表示好感。英有连德之意，不欲反对。海靖提出要求，中有与教案无涉者，建筑铁路则其明例。总署大臣称德撤兵，即可磋商条件，而德拒绝撤兵，乃派翁同龢等交涉，多许其请，并承认租借一岛。李鸿章反对，主请俄国代索胶澳。德对俄让步，承认其利益，而俄患逼，欲其租借山东以南之海港。翁氏向海靖磋商，海靖不可，知德出此，将与英、日之利害冲突也。会俄改变政策欲租旅顺，德遂得其谅解，于是海靖之态度益强。总署让步，承许撤换官员，给款及地，建筑教堂，并谕各省保护教士，教案始得解决。

租借胶澳条约 教案解决之后，议商租借胶澳及建筑铁路条件。关于租借地段，海靖必欲全澳在内，期限九十九年，翁氏改为五十年，为其所拒。至于筑路，总署大臣迫而许之，海靖初请筑路至济南，忽而改请展至山东边境，并得开矿权利，大臣不可。海靖另提要求，英、美均无举动，总署乃再让步，二十四年（一八九八）春，条约成立。其要款凡三：一、德国租借胶澳九十九年；二、中国许德筑二铁路，一自胶州湾直达济南府，一自胶州湾，南达沂州，转往莱芜，再至济南府，沿路三十里之矿产，许德开采；三、山东开办各项事务，或用外人，或借外债，或买外料，德有尽先承办之权利。约成，德国设官治理，宣布青岛为自由商港。中、德另订设关征税办法。今观交涉之始末，中国之屈服，无以复加，而不知事理重轻之地方官，亦有责任，教案之迭起，即其明例。

俄租旅、大 俄于德据胶州湾改变干涉之政策，亦欲租借旅顺，其政府久视为势力范围地矣。俄外部通知英、日，其兵舰将在旅顺过冬。英舰亦驶往旅顺，含有监视之意，俄外部患孤立，商请德、日合作。德皇先已向俄建议，瓜分中国，并欲俄国经营东方，谢绝其请。日本原不欲俄占据，顾力尚不足以敌强俄，俄且向之表示好感，亦无举动，俄遂派其水兵，于光绪二十三年冬登岸，径行占据。俄使提出要求，租借口岸建筑铁路。总署未有切实答覆，俄使至署争闹，其政府亦不让步，德宗始派李鸿章等交涉。中、俄订有密约，乃忽强借旅顺、大连，延长东省铁路。王大臣迭次会商，迄无办法。德宗至为烦恼，明年，俄舰南下示威，形势紧急，始命李鸿章签约，三月条约成立。俄租旅顺、大连湾二十五年，东省铁路展达大连湾。细则在俄京磋商。租地极为广大，展长之铁路，终于旅顺、大连，名曰东省铁路南满洲支路。大连开为商港，设关征税，委托公司代办。

英租威海卫 英国在华商业时推第一，其外交政策，则欲维持中国领土之完整，得于平等待遇之下，自由竞争。中、日战后，俄、法合作，影响英国在华之势力，其外交家谋避孤立，不反对德划势力范围，顾仍无援，俄租海港不理其抗议。英乃让步，向俄磋商，成一谅解。会总署取消借款草约，英使提出补偿条件，总署多许其请，更进而要求总税务司任用英人。及俄租借海港，条约将成，英欲租借威海卫。其地尚有日军，商于日本，并承认其利益，日无异议。英使向总署要求，未得切实答覆，要求益力，王大臣许之，但欲英国承认不再要求利益。英使谓此是对俄，若法占南海口岸，英仍要求。二十四年三月，双方议定草约，英遂转而求德谅解，承认不作商港，不接铁路，不侵德人利益，德国亦无异议。五月，中、英条约成立，英国租借威海卫二十五年，得筑炮台，安置兵卒，后并许其征收地税。

法租广州湾 法国先得权利，及德、俄、英租借军港，其署使吕班亦奉命要求。其提出者：一、车里（江洪）、云南、两广不得让与他国；二、邮政总办雇用法人；三、许法立即承办铁路，直达省会云南府；四、法租借广州湾。总署令驻法公使，向其外部婉拒，而法外部必欲照准，总署迫而许之。其租借广州湾条约，于二十四年夏议定，其要款凡三：一、法租广州湾及高州、雷州之一部分，期九十九年。二、法得建筑铁路直达雷州西岸之安铺。三、法得建筑码头、货栈、医院于安铺，其邻近之深水港，独二国军舰可以停泊。约成，法官划地甚广，总署不肯承认，法兵上岸自由行动，又与土人构衅，互有死伤。中国迫而让步，明年冬，成立界约，其事始已。方中、法交涉之进行也，英使亦提出要求，扩展九龙租地，建筑铁路，开放南宁等。磋商结果，英国租借九龙附近岛屿及大鹏湾、深州湾之一部分，九十九年，铁路则许其承筑上海南京铁路。余因法国反对，多未承认。

日本要求 方列强之争求利益也，日本军阀遣人游说张之洞，其主张则中国连合英、日，反抗俄国也，然以总署反对而罢。会德、英求日谅解，日外务省要求其承认福建为日势力范围，二国未有异议。二十四年（一八九八）三月，日使奉命正式要求，中国不割让福建及其沿海一带于他国。总署王大臣开会讨论，认为不许，将另有要挟，覆文许之。

意大利要求之失败 意大利在华，原无重要地位，其政府鉴于英、法诸国分得权利，亦欲租借浙江三门湾，宣布派舰队来华。其驻京公使提出要求，中有恫吓之辞。其时德宗被囚于宫中，太后临朝，表示反对。总署大臣严词拒绝，闽、浙两江总督奉旨出兵，协同防守，列强亦不出助。意遂放弃要求，租借海港由是作一结束。

铁路建筑权之丧失 关于铁路，李鸿章久欲创办，惜反对者多，建筑者少，中、日战前，只有天津至山海关筑成通车。战后，政府筹筑芦汉（平汉）、津京铁路。津京路短，借得英款，芦汉路长。督办盛宣怀向比商借款，比使商得法国援助，英、美、德使先后抗议，未有效果。法用俄商名义，承筑正定至太原铁路。总署又许其承筑铁路直达云南府。俄于东北建筑铁路，已言于上，其政府要求撤换长城以北之英工程师。英得承筑沪宁铁路，及俄、法新得权利，英更要求五路建筑权，其区域多在长江流域。德承办山东铁路，已见于前，至是，又得承办津浦铁路北段。美亦得筑粤汉铁路之权。会太后临朝，外国要求，均遭拒绝。

损失之综计　综合中国损失而言，沿海良港租于列强。其尤危险者，无过于势力范围，其原始盖起于列强之瓜分非洲，各国划定区域之后，他国不得侵入或伸张其势力，本国则可巩固其地位，甚者将其占领也。列强有不待中国同意，而自行划定互相承认者，危险尤大。如德认长城以北为俄势力范围，即其例也。同时，列强或要求租界，或扩展租界，其统治权落于外人之手。关于权利，列强或建筑铁路，或借款承办铁路，中国更进而开放内河，承认英国商业额数维持第一，雇用英人为总税务司，又许雇用法人为邮政总办。于此数年之中，中国损失之重大，几非完全独立自主之国家。

门户开放政策之成立　列强各得利益，中、美商业年有进步，美国务卿海约翰主张维持在华商业上之机会平等，二十五年（一八九九），接受本国商人及英人建议，拟定中国门户开放政策。其主要条件凡三：一、商埠及投资所得权利之在势力范围或租借地者，不受干涉。二、征收货税除自由港外，各国商人一律待遇。三、吨税及铁路运费一律待遇。八月，美国驻英、驻德、驻俄大使，奉命通知三国政府，并征求其意见。十月，美又照会日、意、法，请其共守门户开放政策。六国收得通知，英首承认，俄覆文含浑，但称并无为其人民求得特殊权利之意，德颇犹豫，后亦赞同。法、日、意亦表示同意，美遂于二十六年（一九〇〇）二月，宣称门户开放主义成立。

门户开放，初只限于商业，所谓经济机关均等也。就条约而言，最惠国待遇条款范围视之为广，乃自中、日战后，列强争夺独占权利，将前条约上之规定，破坏无余。英国以其妨碍英商自由竞争之机会，力欲有所挽救，未有所成。海氏主张亦非广义之机会均等，如租借军港，划定势力范围，承办铁路，开采矿产，固未加以限制也。然英商于俄国，为其所拒，而美竟能成功者，盖美战败西班牙，新得菲列宾群岛，军威大振，并于岛中驻有大军，英、日表示赞同，俄不反对，德亦不欲与美国积怨故也。后华盛顿会议，门户开放始乃包括中国领土之完整。其弱点凡二：一、中国丧失自主之权；二、各国解释不同，实际上仍得夺取权利。顾在中国危急之际，有此宣布，国人固不以之为非。

第十三章

变法与政变

变法之阻碍　康有为之宣传　筹饷练兵　创办新事业　康有为之活动　德宗变法之倾向　二党水火　诏定国是　太后干涉朝政　新党人物　新政　推行新政之困难　临难不逃之精神　政变之酝酿　政变　变法诸人之受祸　评论

变法之阻碍　中国政治腐败，非根本变法，殆无复兴之望。变法久为国内之急切需要，而士大夫知识愚昧，自信中国政教之美，世无其匹，采用西法，则谓之用夷变夏，既非圣人之道，又变祖宗之法，非圣则为不道，变法则为不孝。其造成之原因，一则士大夫初习八股，少读史籍，不识秦、汉以后文化演进之陈迹，一则鉴于古代变法者之失败，以为利不十不变法，法固未有有利而无弊者，一则恨恶外人，全以意气用事，妄肆诋毁，更不愿效用其法。其人于政治上极有势力，阻挠新事业之创办，一二识者不能有为，以致一败再败，几成瓜分之祸。中、日战后，识者益信维新之效，倡言变法者益多。

康有为之宣传　有识之士倡言变法，发表文字，以为宣传，康有为言尤激昂。其奏议曰："方今之病，在笃守旧法而不知变。处列国竞争之世，而行一统垂裳之法，此如已夏而衣重裘，涉水而乘高车，未有不病渴而沦胥者也。《大学》言日新又新，《孟子》称新子之国，《论语》孝子毋改父道不过三年，然则三年之后，必改可知。……法既积久，弊必丛生，故无百年不变之法。况今兹之法，皆汉、唐、元、明之弊政，何尝为祖宗之法度哉？又皆为胥吏舞文作弊之巢穴，何尝有丝毫祖宗之初意哉？”其言可谓切至，引用之经典，不过证明变法之非非圣，祖宗之制亦非不可改。其动机全出于富国强兵，非此将有亡国灭种之祸。其言虽有牵强，要为忠君爱国之论。

朝廷渐知变法之需要，顾无决定大计之军机大臣，辨别轻重缓急，有所主持，切实进行，其困难一则其人多受褊狭之教育，不知若何进行之方法，一则党派纷争，各不相容，顽固者恃太后为援，欲变法者与皇帝接近，而帝名虽亲政，然无实权，方从事于暗斗，何能有为？于此情状之下，其改革者要非慎重考虑，偏于支节，兹略分言其主要者于下。

筹饷练兵　政府收入，年约八千万两，借款赔偿军费，年付本息，无法支付。德宗应户部之请，诏朝臣疆吏议奏办法，言者多请开源节流。其奏言之办法非规模远大一时不易实现，即为苛捐杂税，各省多未举办。关于军队，国中兵额八十万人，饷银不敷养赡，反恃贩卖为生，战斗力弱，朝旨将其裁减，另募新兵，顾为具文。其改用洋操者，唯张之洞创办之自强军，聂士成所部之武毅军，袁世凯新练之新建军。

创办新事业　政府时知铁路之重要，借款建筑京津铁蹅、芦汉铁路，扩张邮政局，初每至冬际，华官为外使转递公文，达于上海，光绪四年（一八七八）创设北京等五处寄信局，交海关办理。至是，列强添设邮局，总署改北京寄信局为邮政总局，各口为分局，并添办分局。邮资定为明信片一分，封口信三分。政府又筹人民生计，惜多空言，未有实效。关于教育，朝廷改设官书局，派大员管理，又筹办京师大学堂。

康有为之活动　就上改革而言，朝廷于马关和后，仍图苟安。

及德占据胶州湾，屈辱之深，无以复加，久请变法之康有为，自粤北上，一面上书奏陈国势之阽危，急宜变法。其具体建议，一、采法俄、日以定国是；二、大集群才以谋变政；三、听任疆臣各自变法。一面召集同志，创立保国会，以为国地日割，国权日削，国民日困，而谋保国保种保教也。初康氏四次上书，均言变法，又创强学书局，刊印公报，鼓吹变法。顽固朝臣恶之，谋欲弹劾，友人劝之南下，至是入京活动甚力。德宗久闻其名，命总署大臣问以大计，其心意已倾向于变法矣。帝读康氏奏疏，深有所感，许其具折上奏，并诏其进呈《明治变政考》《俄大彼得变政记》，二书系康氏写成，其主张则中国宜效二国也。此后进呈之奏疏甚多，要多偏于理想，实行固非易事。

德宗变法之倾向　德宗于胶变之后，意欲变法，询问军机大臣变法事宜，而入值大臣多默然无语，外使入见，帝许改变旧制，而刚毅论其不可。刚毅为太后亲臣，为顽固大臣之一，当时稍知外事，异于群臣者，为张荫桓。张氏出使外国，负有能名，时在总署行走，康有为馆于其家，二人均为旧党所恶。诏旨如开经济特科，裁汰冗兵，改变武举，设立学校，皆为变法之证，大起旧党之忌。经济特科系仿博学鸿词科例，由朝臣督抚学政举送所知入京考试，余无说明之必要。

二党水火　二党见解不同，互相水火，康有为组织保国会，其同乡许应骙阻其在粤东会馆开会。许氏官至礼部尚书，亦反对变法也。会旧党称康聚众收费，同于会匪，并有著文驳之者，由是谤议大起，言官奏劾，会员且有自劾以求免祸者。刚毅欲究入会诸人。而帝不许，始免兴起大狱。新党言官乃参许应骙以作报复，许氏自辩，并诋毁康氏，请将其罢斥，帝置不问。其党文悌方为御史，再参康氏，论及保国会曰："私聚数百人在辇毂之下，立为保国一会，……名为保国，势必乱国而后已焉。奴才……令其将忠君爱国合为一事，幸勿徒欲保中国四万万人，而置我大清国于度外。"罗织其罪，无所不用其极，可见其不能相容矣。

诏定国是　于此情状之下，康有为深信朝廷宣示维新政策，则一切困难，皆可解决，草成《请定国是》奏稿，交言官上奏。德宗得疏，四月二十三日（一八九八年六月十一），诏定国是，其扼要之语曰：

风气尚未大开，论说莫衷一是，或狃于老成忧国，以为旧章必应墨守，新法必当摈除，众喙哓哓，空言无补。试问时局如此，国势如此，若仍以不练之兵，有限之饷，士无实学，工无良师，强弱相形，贫富悬绝，岂真能制挺以挞坚甲利兵乎？朕维国是不定，则号令不行，极其流弊，必至门户纷争，互相水火，徒蹈宋、明积习，于国政毫无补益。……用特明白宣示，中外大小诸臣自王公以及士庶各宜努力向上，发愤为雄，以圣贤义理之学，植其根本，又须博采西学之切于时务者，实力讲求，以救空疏迂谬之弊。

太后干涉朝政　朝廷宣示大计，守旧大臣原应服从诏书，放弃主张，实则毫无效果，反而益为破坏。十七日，翁同龢忽奉硃谕开缺回籍，翁为帝之亲信师傅，兼在总署行走，张荫桓与之相洽，亦几不免，其先朝臣英年已传欲将张氏围拿矣。尤可异者，翁同龢免职之日，帝诏大臣授职者，京官并诣皇太后前谢恩，外官奏谢，又命荣禄为直隶总督，节制境内驻军。荣禄为太后亲臣，旧党掌握军权，变法之失败，已决定于此矣。康有为于诏下后，原欲出京，会得朝臣徐致靖之奏荐，帝命于十六日召见。康氏奏陈变法，为时甚久，帝命其写进所著各书，俄诏其在总理衙门章京上行走，许其专折奏事。康氏乃著书为文，议论朝政，多所奏请。德宗深受其影响，变法之意益坚。

新党人物　大臣赞助变法，或深表同情者，寥寥无几，余多小臣。七月二十日（九月五日），帝始召见谭嗣同、刘光第、杨锐、林旭，赏加四品卿衔，在军机大臣章京上行走，替襄新政。谭于湖南佐办新政，负有大志。刘官刑部主事，为保国会会员之一。杨久官于京师，与有为相善。林为康之弟子。四人均以大臣奏举，奉旨入见也。御史杨深秀、宋伯鲁亦力赞变法，梁启超、康有溥（字广仁）时亦在京。梁氏奉旨赏给六品衔，办理译书局事务，有溥为有为之弟，业医，梁于春间重病，康有为召之入京，为之治病，后更佐兄整理文稿。外省推行新法著有成绩者，首推湖南巡抚陈宝箴。其佐之者，有黄遵宪等。黄氏久任领事，著有《日本国志》，负有盛名。此就主持变法者诸人而言，其人皆欲富强中国。勇于进取之志士也。

新政　德宗自四月二十三日，诏定国是，迄于八月五日（九月二十）政变，为时凡百有三日，期内变法或改去积弊之诏书，多如雪片，难于一一列举，兹分类略述主要之新政如下：

（一）官制　帝诏裁詹事府通政司等衙门，外省裁去湖北、广东、云南巡抚，东河总督，及无所事事之粮道盐道等官，官民并得一律应诏言事。各衙门奉旨删去旧例，另定简明则例，裁减绿营，改用西法练军。帝又严谕部院于交议事件，克日议覆，逾期惩治，对于代奏事件，稍有抑格，立即严办。其尤重要者，则诏编预算也。

（二）教育　京师大学堂成立，各地书院奉旨改作兼习中学西学之学堂，地方捐办之义学社，亦令兼习中西学课，民间祠庙之不在祀典者，官劝人民改为学堂，专门学堂亦奉旨筹办。中学应读之书由官书局颁发，诏奖士民著作新书，许其享有版权，并设译书局，诏废八股，科举改考策论，武举亦改科目，又举经济特科。

（三）铁路　帝诏赶办芦汉铁路，开办粤杭沪宁各路。

（四）实业　朝廷设立农工商总局，命官振兴农业，广译外洋农务诸书，奖励绅商广开农会，购买农器。凡制成新器者准其专利售卖，又奖进商业，上海、汉口各设商会，且许旗人经商营业。

推行新政之困难　新政深切中国之需要，顾其规模太大，牵涉太多，而国内之积弊已深，官吏又敷衍因循，决不易于实现也。主持之者初不免于视事太易，康有为尝奏言曰："雷厉风行，力推新政，三月而政体略举，期年而规模有成，海内回首，外国耸听。"乐观至是，盖由于缺乏政治经验。德宗时无实权，迭谕各部院官对于覆奏事件，不准延搁，而犹阳奉阴违。疆吏对于新政，更多延宕不办，帝严词责之，仍无效果。新政不能推行，康氏后亦知之，而犹在京今日上一建议，明日另一奏请者，意欲"令人民念圣主，以为后图"也。其反对变法者，更造谣毁之，其人类多认识不足，而徒望文生义，发为议论。张之洞初主变法，后则诋毁康、梁。其论民权之害曰："民权之说一倡，愚民必喜，乱民必作，纲纪不行，大乱四起。倡此议者，岂得独安独活？且必将劫掠市镇，焚毁教堂，吾恐外洋各国必借保护为名，兵船陆军深入占踞，全局拱手而让之他人。"云云。

临难不逃之精神　新党同志太少，而反对者众，德宗又无实权，事将失败，明如指掌，康有溥劝其兄早去，而有为感激知遇，不忍他去，且信生死有命，非所能避。其亲信谋欲使之出使日本，而帝别放他人。有溥留于京中，有劝之去者，复书则称"明知其危，不忍舍去，乃知古人所谓鞠躬尽瘁，死而后已，固有无可如何者。兄在远不知情事，易于发论，倘在此，岂能远遁？若能遁则非人情，又何以为人？固知为志士仁人之不易也"。他如谭嗣同等，亦久置生死于度外，临难不肯逃免，精神有足多者。

政变之酝酿　二党水火，大权操于太后，太后之年已高，思想固定，顽固大臣多其亲信。帝则主张变法，擢用小臣，两派不能相容，终将造成事变。其促成之者，则礼部堂官阻抑主事王照条陈也。王照请帝游历日本，堂官不肯代奏，王照力争，并谓将请都察院代奏。堂官无奈，为之转递，并自辩护，称王借端挟制，帝迭诏除壅蔽而竟不行，礼部堂官时最守旧，乃将尚书侍郎六人交部议处，并另诏员代之。旧党大惧，向太后挑拨益力，帝欲开懋勤殿与亲臣商议政事，为太后所拒，旨不得下。七月二十九日（九月十四），帝交密谕于杨锐，称"位几不保"，令筹商救护之法。康有为乃欲引用袁世凯。袁初赞助强学书局，康又遣人征其意见，袁称倾向，故力荐之，值袁奉旨入京进觐之后，帝诏以侍郎候补，专练军队。

政变　八月三日夕（九月十八），谭嗣同谒袁，陈说皇上危险，请以兵力保护圣躬。袁党辩护文字，则称说其诛杀荣禄，运兵入京，包围颐和园。会谈之真相，殆不可知，其商定之办法，则帝同太后于九月幸天津阅兵，袁以兵力诛杀后党也。苟先预备，旧党一无所闻，则事起仓卒，不难成功。袁请训回津，即将经过报告荣禄，荣禄电报太后，太后怒而自颐和园回宫，矫诏听政，置帝于南海瀛台，此八月五日事也。明日，步军统领衙门，捕拿康有为，不获，闭城大索，捕获其弟。谭嗣同等闻之，共商保护圣躬及变法诸臣之策，遣人商于英、美、日使，康、梁幸得免难。康于初五抵津，乘英船南下。得英使保护，于吴淞外乘英船南往香港。梁得日人援助，东渡日本。

变法诸人之受祸　九日，太后命捕张荫桓、徐致靖、杨深秀、杨锐、林旭、刘光第、谭嗣同，明日解送刑部，太后更谕看管张荫桓，研讯徐致靖、谭嗣同等六人，派大臣会审，会有奏请将其正法者，太后从之。十三日，谭嗣同、杨锐、刘光第、林旭、杨深秀、康有溥就刑，后人呼为六君子。明日，硃谕宣布康有为等罪状，令督抚查拿。关于谭嗣同等，则称其与康有为结党，阴图煽惑，且曰："杨锐等每于召见时，欺蒙狂悖，密保匪人，实属同恶相济，罪大恶极，前经将各该犯革职拿交刑部讯究。旋有人奏，若稽时日，恐有中变。朕熟思审处，该犯等情节较重，难逃法网，倘语多牵涉，恐致株累，是以未俟覆奏，于昨日谕令将该犯等即行正法。"康氏罪名，则为纠约乱党，谋围颐和园，劫制皇太后，陷害朕躬，实则此等罪状之辞，至是已三变矣。太后恨之之深，悬赏捕之，焚其书籍，籍其财产，官吏捕其家人，不得。张荫桓发往新疆，徐致靖永远监禁，其他革职者尚多。太后诏复旧制，考试恢复八股，武科亦复马步弓石，他更无论矣。德宗初有生命危险，后以外使干涉及疆吏反对，得未废立。太后恨未能平，明年冬，诏立端郡王载漪之子溥俊为皇嗣，立嗣之非祖法，太后已不问矣。

评论　综观戊戌变法之始末，多受外患之影响而促成，主持者亦多接受外人之建议，英教士李提摩太影响尤大。康氏熟读其书，亲往谒之，梁氏亦曾为其书记。及康进用，电召李提摩太来京，称将聘为顾问。李提摩太建议聘用伊藤博文为顾问。伊藤适来华游历，朝臣亦有奏请留之为相者。李提摩太入京，德宗定期召见，不幸政变作矣。李提摩太奔走使馆，谋救圣躬，及变法诸臣，康有为之能脱险，盖亦赖其力焉。所可惜者，康、梁诸人未有政治经验，偏于理想，求治太急，终遂造成政变。谭嗣同于太后听政，往见李提摩太，始悔不从其逐渐改革之忠告，以致失败。其谋杀荣禄，直以一切作一孤注，政治家殆不出此。太后听政，罢去新政，恢复旧制，信用顽固大臣，昏然排外，造成大祸，屈服之后，始再变法，时已迟矣。

第十四章

义和团之乱[①]

反对教士之原因　会党之势力　兴办团练　祸乱之酝酿　直隶拳民之活动　战争之开始　御前会议　北方之情状　朝廷之态度　主战派之势力　天津失守　联军进陷北京　受祸之一斑　俄、德之野心　和议　公约要款　善后事宜

反对教士之原因　朝廷大臣恨恶外人，而无如之何，民间则以宗教迷信，反对外人。慈禧于拳匪乱后，尚信教士挖眼取心之传说，知识浅陋之士大夫，亦信之不疑。教士之在内地传教也，劝人不拜偶像，教民不肯入祠祀祖，以及出钱修庙，唱戏谢神，又以婚姻引起争执，民间儿女婚嫁，均由父母作主，甚者指腹为婚。天主教徒家人皆须信教，不愿与教外人成婚，已订婚者遂成问题，教士往往予以协助，干涉诉讼。尤有进者，教士广收信徒，无赖亦得加入，乃时欺压良民，诉之于官，竟因干涉不能得直，仇恨转深。官吏多视教民为莠民，不能切实保护，酿成教案者。凡此误会，迄未设法除去，头痛医头，脚痛医脚，祸根依然存在。

① 作者囿于所处时代，对义和团的评价有其局限性，请读者明辨。——编者注

会党之势力　平民一如散沙，未有组织团体暴动之企图。乃予秘密会活动之机会。北方旧有教匪，清代中叶，迭起为乱，清廷平乱，并未改变人民之理想，其潜伏之势力甚大。南方则有哥老会、三合会等。太平天国领袖利用会徒，成为大乱。平乱之官军，亦多会党投入。解散归农之湘军，不愿耕种，加入会党者尤众。顾其宗教或迷信色彩远不能及北方，盖南北生活不同，而知识观念亦各有别也。光绪二十四年（一八九八），安徽、江苏北部大刀会作乱，其领袖殆白莲教余党，地方官用兵剿平，山东亦有滋扰，延及直隶南部。直隶总督裕禄遣军弹压，捕其首要，解散胁从，而乱终未平定，明年，闯入开州为乱，官军杀其首要，团体迄未解散，又明年，利用时机，造成大乱。

兴办团练　太后自再听政，诏废新政，恢复旧制，为所欲为，其不能如意者，一则康有为逃出，一则不能废立，二者均与外国有关，恨恶外人，而力无如之何，乃亟亟筹饷练兵，更办保甲团练。其办团练则欲更番训练人民，使皆知兵，足为缓急之恃也。大刀会究为团练，抑为土匪，解释各省不同，故处置方法亦有轻重之别，诏旨实有认为团练之意。山东巡抚毓贤且提倡之，山东遂为义和团发难之地。其徒深信神道，练习拳棍，手常持刀，故亦称大刀会，拳则旧称义和拳，及朝廷诏办团练，因称义和团焉。自言神附其身，不畏枪炮，并以扶中朝灭洋教为号召，及其势成，强迫教民烧香敬神，或劫掠其财物，教民不敢家居。

祸乱之酝酿　山东不靖，地方官平乱者，毓贤反而将其免职，对于外人遣兵保护，但不许其开枪，义和团之势益盛。教士大为不安，报告公使。美使迭向总署警告，后请罢免毓贤，太后召之入京，袁世凯代为巡抚。会英教士卜克斯被杀，朝廷惩凶道歉，并出款建筑纪念教堂。英使尚不满意，美使则以未罚毓贤为憾。太后应外使请求，十二月，诏谕地方官辨别良莠。其辞曰："会亦有别，彼不逞之徒，结党联盟，恃众滋事，固属法所难宥。若安分良民，或习技艺以自卫身家，或联村众以互保闾里，是乃守望相助之事。"诏中未列义和团及大刀会其人属于何者，殆不可知。外使要求严禁义和团、大刀会，交涉不如其意，明年，竟以军舰示威，乃由裕禄出示禁止，然亦不过具文。

直隶拳民之活动 袁世凯官于山东，刊印反对义和团之文字，劝导绅士，境内日渐安宁。直隶则河间、深冀各属义和团之势日张，裕禄鉴于朝议之倾向，不肯将其剿平，反而信之，天津保定通州遂为其活动之中心。其首领曰老师祖，教以焚香习拳之法，谓神附体，不畏枪炮，其咒繁多，皆不可解，敬奉之神有孙悟空、猪八戒等。团中尚有女子，红灯照即其例也。二十六年（一九〇〇）五月，直隶滋扰益甚，教民有被杀害者，乃多逃而避难。其数多者，据寨自卫，顾此多在乡村，城邑亦有义和团暴动，涿州即一明证。太后遣大臣往查，其报告反有利于义和团，公使得报告，要求严办匪徒。总署许之，而教堂铁路被毁之报告迭至，公使电召外兵入京保卫，至者四百八十余人。

战争之开始 方外兵之将至也，义和团焚毁电杆，拆坏铁路，戕杀武官，谕旨饬拿匪首，而亲贵大臣信其神迹，以为天助之扶清灭洋也。诏旨迄未奉行，形势趋于严重。五月十三日（六月九日），英使急电海军大将西摩即日入援，西摩统率援军二千余人出发，途中被阻。义和团入京，火焚教堂商店，搜杀二毛子（教徒）。太后再谕认真办理，且曰："遇有持械喊杀之犯，立即拿获，送交提督衙门即行正法，……城内设立坛棚，尽行拆去。"无如太后实袒护拳民，大员多其首领，从未执行命令，京中纷扰如故。西摩援军进至廊房，不能前进，退回天津。义和团于十八日入天津城。外军以二十日，要求交出大沽炮台，夜发炮互击，天明，炮台失守。裕禄于城上架炮轰击租界，彼此相持。

御前会议 京中纷扰，太后无法维持治安，又以西摩援军将至，二十日，召集朝臣于仪鸾殿询问应付外兵之策。言者不一，载漪公然袒护拳民，太后之意亦然，乃遣大臣劝阻外兵入城。明日午后，太后收得照会，急诏大臣会议，宣读公使要求：一、指定一地皇帝居住，二、代管财政，三、代管军政，最后一条，则未提及，乃请太后逊位也。太后怒甚，坚决欲战，朝臣恽毓鼎述其语曰："今日衅开自彼，国亡在目前，若竟拱手让之，我死无面目见列圣。等亡也，一战而亡，不犹愈乎？”若此重要之要求，公使先未提及，忽而提出，原可怀疑，竟无人注意，实则文乃载漪嘱其属员所为，借以激怒太后宣战也。二十二、三日，均有御前会议，大沽炮台之战报，时已到京，主战之气焰益盛。总署照会外使请其于二十四小时内出京，公使要求谒见亲王，而王未有覆书。德使克林德不顾劝阻，独乘轿往，途中被杀。其先日使馆书记生杉山彬亦为兵所害。于是外使决定固守待援，太后下诏宣战。

北方之情状 公使不肯出京，拳民乱兵往攻使馆，城中入于战时状态，愚民苦力加入义和团者益众。乡民不敢入城，饮食必需之物，价极昂贵，外人之在京者多避难于使馆，教民亦有从之者，住于肃王府。天主教徒多避难于西什库教堂，人数约有四千，外兵保护之者，不足百人，教民迫而自卫，作战亦极勇敢。亲贵大臣力不能杀外人，乃悬赏杀之，男子五十两、女子四十两、儿童三十两。拳匪围攻使馆教堂不下，毁坏外人坟墓。直隶为拳匪集中之地，攻杀教民。教民多者，据村寨死守。全省入于纷扰之中，愚民自相惊扰，上山避难，妇女有自经者。北方长官奉宣战诏旨，杀害外人，山西教士死者甚多，其长官即养成山东拳匪之毓贤也。内蒙古教士亦多受害，东三省外人避居俄国保护区域。

朝廷之态度 南方长官以两广总督李鸿章、两江总督刘坤一、湖广总督张之洞为有名，三人均信拳匪活动将成大乱，然终无所补救。及宣战诏下，李鸿章称为矫诏，“宁断不奉”。刘、张二督亦保境安民，并与外国议订相安之章程，乃由李鸿章领衔，奏陈兵衅万不可开。上谕尚称现仍保护使馆，后再以之为言。六月七日（七月三日），朝廷颁发俄、英、日国书，请其调解，旋应疆吏奏请，诏饬保护外人，调查外人损失，剿办拳匪乱兵，并惋惜德使被害，致国书于德、美、法。外国则欲中国护送公使出京，以为和好之证。李鸿章等迭以之上奏。总署奉旨迭请公使出馆，派兵护送至津。公使鉴于前事，毫不之信，庆亲王奕劻又不敢赴使馆磋商，终无所成。交涉期内，停止攻击使馆，总署并赠送面粉、瓜果、蔬菜于公使。

主战派之势力　是时德、法、英、日、美、俄、奥、意八国联军已出动，太后亦惧，倾向和议。对于南省疆吏之奏请，无不采行。刘坤一请照付外款，亦奉旨批准。李鸿章奉太后授为直隶总督，诏兼程北上。李至上海，又不能行。盖外人既不肯接待，而京中顽固派仍有势力，围攻使馆不止，并参奏袁昶、许景澄。二人任总署大臣，反对信用拳匪，每遇召见，多所陈奏，久为主战派所恶，七月初被杀，后十余日，朝臣立山、徐用仪、联元亦为载漪等所杀。

天津失守　外兵八千人抵津，合租界守兵，众至一万二千。清兵作战者为武卫军，数约三万余人，六月十七日，联军大举进攻，恶战一昼夜，明日，毁天津城门而入。斯役也，两军攻战二十七日，为订约通商以来第一恶战。外兵陷城，以日军之力为多。七月十一日，联军一万八千进攻北仓。

联军进陷北京　先是，直督裕禄自天津败退，收集余兵，扼守北仓。至是，联军进攻，击败守兵，占领北仓。武卫军自天津败后，精锐丧失，朝廷诏令各省勤王。顾督抚所派之兵，战斗力弱，人数虽约十万，未足一战。明日，联军前进，攻陷杨村，裕禄自杀，败兵退守蔡村，闻敌即逃。太后诏李秉衡督师。李氏自江苏率兵入援，陛见之时，仍持战议。及奉旨督师，而事已不可为，迫而自杀。联军自杨村前进，途中未遇强烈之抗拒，十九日，逼近北京，开炮轰城，明日城陷，英军先至使馆，困守使馆之人员，皆庆再生，卫兵战守之勇敢，固足称述，而教士之在围中者，组织委员会，各尽所能，有助于战守，功亦不可没也。华人之在使馆者，掘壕筑垒，亦有相当功绩。西什库教堂亦未为拳匪攻陷。

受祸之一斑　联军逼近北京，败报迭至，太后一无主张，唯常召见军机大臣，时事至此，固皆一筹莫展。二十日，太后召见军机大臣五次，最后一次，只剩三人，据入值大臣王文韶言，夜半见面，太后犹说不即走，“岂知甫及天明，两宫已仓猝出宫，狼狈情形，不堪言状”。外兵入城，妇女自尽者不知凡几，全城均在不安扰乱之中。统将划定各国防区，日军纪律较佳，首先恢复其地之秩序，美军次之。自津入京之路，人迹稀少，骷髅遍地，寺庙民居，亦多焚毁。其他各县多受败兵滋扰。王文韶出京赶随车驾，书告其子，称西行途中，溃兵抢劫，室室皆空，扈从之兵强买强取，车驾过后，靡有孑遗。且曰："我出京后，沿途无店可住，无物可买，只拾得兵勇抢剩之小米子，均在地上狼藉，自用柴火煮饭，聊以充饥而已。"及随驾同走，饮食供给远优于前矣。两官逃至太原，后更远至西安。

俄、德之野心　联军入京之后，其政府政策不同，甚者谋用时机，多得利益。俄以东三省杀害外人，惨杀黑龙江北岸华人数千，遣兵侵入北满，次第占据城邑，缴收华兵军械。势力直达直隶。会英舰长官闻之，遣兵上岸，树立英旗。俄兵乃止于长城。其在直隶夺取铁路管理权，并强划租界。德皇初饬在华海军长官占据烟台，不果。及德使被杀之信息证实，德皇派大将瓦德西来华。八国联军奉为元帅。瓦德西至，北京已陷，不能有为，乃遣军四出，捕杀长官绅士，以为报复。英为防俄之计，与德议定协约，中称维持中国领土之完整及条约上之利益，倘有利用事变，获得土地者，二国协商应付。是时各国之兵，除遍布北方外，英、德、法兼驻兵于上海，俄兵则遍布于东三省。美国政策则欲维持中国现状，其国务卿照会列强，根据门户开放政策，不得占据土地。

和议　于此情状之下，朝廷唯欲和议早日成功。李鸿章住于上海，谋阻联军进攻北京，不得，太后于危急之时，授为全权大臣，诏其北上。李不能行，及北京失守，朝廷疆吏促其北上，李则须待朝廷加派亲信晓事之王大臣参与和议。太后加派奕劻，奕劻回京，谒见公使，商请议和，未有所成。一月后，李鸿章由俄兵护送抵京。列强要求先办祸首，方可议和，朝廷多所袒护，李鸿章等迭以为请，乃逐渐让步，并解决德、日被杀人员之案，十一月，使团提出和议总纲，声称不容修改一字，其内容乃据法国提出之条件也，磋商八九月之久，议成条约。其进行稽延之原因凡三：一、审查获咎人员电信往返，旷延时日，外使对于商请减免之员，又不以时答覆。二、俄占东三省，强迫中国承认丧失主权之条约，英、美、日使等严重警告，和议进行，因受阻碍。三、德、俄要求巨额赔款，英、美、日则谓须在三万万两以内，乃组织委员会调查，最后决定其额数。总而言之，和议条件，使团提出，中国全权大臣唯有接受而已。

公约要款 二十七年七月二十五日（一九〇一年九月七日），和约签字，是为《辛丑公约》，其要款如下。

一、中国惩办祸首，或永远监禁，或即正法，或革职回籍。杀害外人之城镇停止考试五年，皇帝遣大员赴德、日道歉，并为德使立碑建坊，修理掘毁外人之坟墓，建立雪侮碑。

二、赔款四万五千万两，三十九年还清，年息四厘，照银计算，共九万八千余万两。后银价低落，列强要求照金币计算，损失更巨。筹款方法，则许中国改订税则，征收切实值百扣五之税。

三、各国使馆扩展地界，并得管理及驻兵防守之权。中国许拆自海口至北京之炮台，又允外兵驻守塘沽、天津、唐山等地。

四、中国许禁军火及军火材料入境，期定二年。

五、中国许修通商条约，并与外国合作，整理直隶白河及上海黄浦江。

六、中国废去总理衙门，改设外务部，班在六部之前，觐见礼节，亦有规定。

善后事宜 上就《辛丑公约》要款而言，损失可谓重大。大祸造成，兵败屈辱之下，实无奈何！所可痛心者，大臣何多昏庸不知是非，误国至于此极也！其人死何足惜？而直接受害者遍于全国，赔款极巨，国人担负遂重矣。善后问题之待解决者，尚有数端：一、撤兵。直隶外兵于八月开始撤退，上海外兵于明年回国，独山东德兵及东三省俄兵不退，日、俄战后（三十一年），始肯撤退。二、收回天津政权。初外兵陷城，统将组织都统衙门，管理华人至为严峻。至是，直督要求交还政权，历久交涉，始乃议订章程，限制中国驻兵外国归还政权。三、商约。中、英商约于二十八年（一九〇二）成立，明年，中美、中日商约亦先后成立（其详见后）。其当附言于此者，整理黄浦江经费，半出于中国，而大权归于外人，三十一年，改订章程，收回自办。

第十五章

清末内政

变法之诏书　张之洞等奏请变法　朝中无人　整理庶政　革除积弊　教育　财政之一斑　变法之要求　人民之觉悟　筹备立宪　奖办学堂　兴办实业　严禁鸦片　朋党之争　两宫死后之政治　谘议局　咨政院　国人之失望

变法之诏书　拳匪之乱，京师失守，两宫出狩，几至不国。太后为收拾人心之计，用皇帝名义，于途中颁发罪己之诏，然于臣下犹多责备。及使团提出和议总纲，朝廷迫而承认，损失之重大，无以复加，乃下诏变法。其扼要之语曰："深念近数十年，积弊相仍，因循粉饰，以致酿成大衅，现在议和，一切政事，尤须切实整顿，以期渐致富强。……中国之弱，在于习气太深，文法太密，庸俗之吏多，豪杰之士少。文法者庸人借为藏身之固，而胥吏恃为牟利之符，公私以文牍相往来，而毫无实际，人才以资格相限制，而日见消磨。误国家者在一私字，祸天下者在一例字。晚近之学西法者，语言文字制造器械而已，此西艺之皮毛，而非西学之本源也。居上宽，临下简，言必信，行必果，服往圣之遗训，即西人富强之始基。"其主张则改革弊政，庶可富强国家，办法则饬朝臣疆吏各就所知，条陈以闻也。

张之洞等奏请变法 变法之诏，盖为挽回人心之计，张之洞于二十七年（一九〇一）电请各省长官合辞奏请变法，不得，乃与刘坤一会衔上奏，五六月间，连上三疏。第一疏言教育，主张参考古今，会通文武，创设各级学堂，变通科举，奖励游学日本。第二疏论立国之道，中国亟应改革弊端，其列举者凡十二端。第三疏请用西法，建议采用者，共十一端。就其内容而言，深切国中之需要。顾范围太广，难于一时实行，况太后尚无变法之诚意耶？朝廷为便利商议条陈起见，创设督办政务处。政务处大臣请裁书吏差役，太后许之，而部中仍袒吏。其困难之症结，则部员不习公事，奉之为师，不肖者且与之勾结也。即此一端，可见革除弊政之难，采用西法，固不可能。

朝中无人 综之，近代国内所需要者，无过于领袖人才，或具有远见之政治家，辨别轻重缓急，而能主持变法之大计，切实执行也。太后之年已高，思想固定，于拳匪乱后，仍握大权。德宗于时待遇视前稍优，仍不得亲理政事。二十七年冬（一九〇二），两宫返京，途中撤去溥俊大阿哥名号。太后既得安然抵京，每日临朝，坐于殿上，一如往日。德宗坐于其傍，当军机大臣商议国政之时，默坐无语。其时国内需要开明强有毅力之君主，而太后实非其人，大臣中亦无领袖人才。其负有时望者，如李鸿章、刘坤一，不幸病死，朝中无人，既不欲全用西法，其所进行者，偏于整理庶政，改革积弊，及教育人才也。兹略言之。

整理庶政 关于政治，太后诏设督办政务处，筹议改革事宜，停止卖官，又因公约之规定，改总署为外务部，新设商部、巡警部，合前六部计算，共有九部。朝廷于此败后，设立练兵处，另练新兵，直督袁世凯办理最有成绩。其时中英、中美、中日商约，载明中国改善司法，三国均可放弃领事裁判权。政府命员改订法律，以谋收回丧失之主权。

革除积弊 革除积弊，可别为三：一废八股。八股为考试之文体，注重解说经文，题初限于《四书》、《五经》，后则出自《四书》，文体整齐，有一定作法，束缚作者之思想，文除应试而外，别无他用，识者久欲废之。德宗曾诏令改试策论，而太后于政变后，恢复旧制，至是，诏自二十八年（一九〇二），改试策论，八股遂废。二谕放脚。女子缠脚，既极痛苦，又伤身体。教士创设天足会，力欲改变恶习，尝请太后禁止缠足，未有效果。二十八年，太后诏谕妇女放脚。三满、汉平等。满人于政治上享受特殊待遇，不与汉人通婚。至是，种族革命之宣传日甚。二十八年，太后诏许满汉通婚，俄命旗人犯罪，用法一如汉人，将军都统等官，原用旗人，乃亦选用汉人。

教育　教育改变方针，太后诏令整顿翰林院，饬编修检讨以上各官，课以政书，复办京师大学堂，改各省城书院为大学堂，府及直隶州书院为中学堂，州县书院为小学堂，奖励学生出洋，并办留学生考试，予以进士出身。及两宫回京，管学大臣张百熙筹得大学堂经费，以前强学书局旧址为筹备所，附设编译所。更当附言者，诏废八股，办理经济特科，亦为教育方针改变之表示。八股已见于上，特科仿自博学鸿词科，倡自贵州学政严修，由三品以上京官及督抚学政举送所知，入京试以策论。德宗诏令举办，以政变而罢。二十七年，太后复令举　办，然防康党进用，录选者固未大用。

财政之一斑　凡此改革，一为新事业之创办，一为积弊之废除。废除积弊，无须经费，新事业之创办，如添设官署、创办大学堂、召练新军、购置军火、无不需款，而巨大赔款多数出自海关。各省亦有摊派。国内财政，拳匪乱前已极困难，政府未有整理统一之计划，至是，帝饬各省摊派赔款，富庶之省，多至百数十万，又办烟酒税，直隶奉天年各八十万两，江苏、广东、四川各五十万两，余或三十万、十万、三万，他如创办京师大学堂，各省亦有摊款。地方长官，究用何法增加收入？朝廷概置不问，乃或增加厘金税率，或创办新税，征及细物，人民未得改革之利益，反先增加担负，其困难之症结，则财政尚未统一，政府且无整个之计划也。

变法之要求　朝廷变法，本非出自本心，乃以环境之转移，时势之压迫，终亦不得不积极变法矣。初俄军利用拳匪之乱，占据东三省，不肯撤兵，造成日俄之战。日本地小民贫，尝为国人所轻视，俄国地跨欧、亚，为世界强国之一，乃自战争以来. 日本陆军海军无不胜利，自此战后，亚洲人士屈服自怜之心理全然改变。中国受此影响，士大夫争言变法，以为日本立宪，召集国会，上下一心，应付事变。俄虽地广人众，然为专制政府，战争期内，内乱迭起。日本文化初自我国传入，其领土人口不及我国之广多，乃能变法自强，战败俄国，四十年内，竟跃为东方强国。中国果能效法日本，亦将转弱为强。太后于此情状之下，既倾向于变法，内外臣工亦争言立宪。尤当注意者，国人向视政府漠然无关，时亦改变观念，兹举三事证明。

人民之觉悟　一、俄国占据东三省，强迫中国承认其地位，并签定条约。青年有为之士于上海集会，到者数百人，倡言流血、自主、自由、仇俄等说，官吏闻而大惧，盖集会讲演，国内向不多见。留学生之在日本者，多加入革命党，谋以武力推翻政府。二、美国排斥华工为时已久，三十一年（一九〇五），不待我国同意，竟禁华工入境，通商口岸之商人，议定抵制美货，作为报复，广州、上海、汉口、天津等地次第实行。美国严重抗议，朝廷谕其停止，长官出示劝阻，遂渐失效力。三、兴学育才极为时人所重视，私人兴学者，时有所闻。其为常人所难者，小贩出身之叶成忠、瓦匠出身之杨斯盛，均出巨款兴学也。叶捐校址并出银二十万两，创办澄衷学校，杨出二十余万，建设浦东中学，其精神令人钦佩，足以证明人民觉悟矣。

筹备立宪　积极变法，朝野上下视为国内之急切需要，朝廷首先裁员，京中备省裁去之冗员甚多。三十一年（一九〇五），派五大臣出国考察政治，明年，五大臣归国，奏请仿行宪政。太后谕称民智未开，先从官制入手，诏饬王大臣议订官制，旋据覆奏，谕称军机处无庸更改，分设外务、吏、学、民政、度支、礼、陆军、法、农工商、邮传、理藩十一部，各部除外务部外，有一尚书及二侍郎，不分满、汉尚书、轮班入值，听候召对。又明年，臣下奏请立宪者益多，太后派员出使英、德、日，考察宪政，筹设资政院及访问谘议局，三十四年（一九〇八），宣布谘议局章程，令各省督抚设立，宣示预备立宪，期为九年，及期召集国会，颁布宪法。地方官制亦有改革，东三省改设总督巡抚，余或添设衙门，或改名称。军政亦积极整理，分全国为三十六镇，采用征兵制，各省限于财政，多未成立，独直督袁世凯以全国之力，练成六镇，其兵仍多召募。至于法律，朝廷删除凌迟、枭首、戮尸三项，死刑至斩而止，编纂商法民法，又设审判厅于东三省，并于直隶、江苏试办。

奖办学堂　教育则政府于三十一年（一九〇五），创设学部，以国子监并入，其时间多耗于议订章程，学部奏定教育宗旨，曰忠君、曰尊孔、曰尚公、曰尚武、曰尚实，朝廷从之。学部设官专办京师大学堂，改学政为提学使，主持一省学务，高等专门学堂，则归部办理。其困难则主持者未能得人，师资缺乏，未有若何之成绩。学堂设立，士子仍重科举，学生不多，二十九年（一九〇三），张之洞请递减科举，庶使舍学堂外，别无进身之阶，袁世凯且称科举为学堂之敌，主张废止。三十一年，诏停科举，以广学校。其奖学之方法，全以利禄诱致学生，可谓奇矣。政府以师范法政诸学，需材孔亟之故奖励游学。留学日本，乃成风气，在日读书为时甚短，所谓简易速成之流皆是也。然清季学风之丕变，卒赖有此举，盖其时游学者之优秀分子，大都于国学已有根底。归而兴学佐政，又多热心也。

兴办实业　关于实业，朝廷改变传统观念，认其盛衰与国家之富强有关，迭派大员出国考查，创设商部，以便保护农工商业。日、俄战后，官吏提倡益力，太后改商部为农工商部。部订奖励工商章程，凡经营二千万元以上之实业者，赏以子爵，一千万以上者男爵。地方长官又设劝工陈列所等，其兴办之实业，除外国承办之铁路外，政府大借外债，先后建筑京汉、津浦、正太、道清、汴洛、沪宁、沪杭甬、广九铁路，以本国之力建筑之路，尚有北京至张家口铁路。绅商以为获利甚厚，亦筹款筑路，实则多为空谈，但风气固已改变矣。开矿亦为致富之原，创办最早者，一为漠河金矿，一为开平煤矿，颇赖李鸿章之主持与赞助。至是，绅商视为有利可图，争先开矿，其兴办者，有煤、铁、铜、石油等矿，然因先未调查矿苗，资本短少，经营又不得法，往往失败也。外人经营之矿产，则颇发达。

严禁鸦片 上就改革或兴办之事业而言，其消极禁令，尚有严禁鸦片。鸦片自弛禁以来，吸者日多，国内种殖之区域益广。至是每年消费量数，殆在四十万石以上，较之鸦片战争之时，增达十数倍矣，大臣主张于立宪前禁绝，三十二年（一九〇六），太后决心禁烟，公布章程。章程限种罂粟，商禁洋药进口，以绝来源，管理售卖烟土，禁止烟馆，勒限戒瘾，分给牌照以杜新吸，均为切实能行之办法。官制方药，准设戒烟会，以便吸者戒烟，严禁官员吸食，并责其督率绅董，以期实行。关于禁官吸食，凡有瘾者，限期戒断，倘有掩饰，立即褫革，并派禁烟大臣查验官员。于是官有所惧，自行戒烟，各省长官亦多切实禁烟。外务部更商于英外部。议定自三十四年（一九〇八）起，英许将烟每年减运一成，迄于一九一七年终止。三年后，英认中国切实禁烟著有成效，二国议定条约，英允于七年内停止输入印烟，烟税每箱增至三百五十两。烟价昂贵，吸者益少，禁烟成绩信以此次为最。

朋党之争 上言种种，似为中国复兴良好之时机，实则朝中无一领袖人才，足称政治家者，时值风气开通，士大夫亟欲变法自强，苟有主持大计之领袖，切实进行，则所谓事半功倍，不幸朝中无人，大臣惟事党争也。其握重权者，当推奕劻。奕劻久办外交，一无建树，二十九年（一九〇三），兼任军机大臣，卖官受赂，细大不捐，迭为言官所劾，仍未改变。三十二年（一九〇六），其子载振往东三省查案，道员段芝贵充当随员，买女伶献之，并以十万金献给奕劻，明年，段遂擢至黑龙江巡抚。御史赵启霖据以上奏，且曰："奕劻、载振父子，以亲贵之位，蒙倚畀之专，惟知广收赂遗，置时艰于不问，置大计于不顾，尤可谓无心肝。"太后派负彻查，不能有所得。军机大臣瞿鸿禨与奕劻不和，太后有所询问，奕劻使言官参奏其泄漏机密，瞿鸿禨反而落职。两广总督岑春煊为太后所信，三十三年入京，太后委为邮传部尚书，岑氏面参侍郎朱家奎，太后即令革职。奕劻大惧，乃以广东会党起事为言，请再授为两广总督，太后从之，岑氏不愿就职，竟奉旨开缺矣。此可证明政治道德之卑劣，阴谋险恶，更不能望其顾及国家也。

两宫死后之政治　政治改革进行之际，朝中虽曰无人，而太后听政年久，颇有威望。德宗虽无实权，然以变法之故，尚为民所拥戴，乃自三十四年（一九〇八）夏，体弱多病，祭祀谢神，均命亲王代其行礼，十月病死。太后诏立醇亲王载沣之子溥仪为帝，载沣者，德宗同母弟也。其子入承大统，年方三岁，明日，太后亦死。载沣奉旨为摄政王监国，尊皇后曰隆裕皇太后。袁世凯时任军机大臣，奉旨开缺，回籍养病，明年，改元宣统。载沣摄政，既无应变才能，又少政治经验，任用奕劻，心亦疑之。奕劻迭请辞职，又不之许，于是多所顾忌。不肯负责办理事务。

谘议局　载沣摄政，本夙定之政策，颁布地方自治章程。宣统元年（一九〇九），各省谘议局成立，其议员选举之资格极高，一省选举人不足十万，采用复选制，州县厅为初选区，府州直隶厅为复选区，初选被选者集于复选区选举议员。人数各省不同，多者一百四十，少者三十，原以进学额为标准，亦有酌加额数，或除为例外者。谘议局之职权，议决本省兴革事宜，决定预算及税法，公布修正单行章程，选举资政院议员，申复谘询事件，公断自治会争议等。督抚对之有监督劝告之权，并可奏请解散。开会时期常会年凡四十日。局有正议长一，副议长二，会同选出之议员（十分之二）驻于省城，办理事务。其性质近于督抚之顾问，顾自召集以来，颇能行使职权，盖就选举资格而言，士大夫处于优利之地位，其人固能善用新得之权利也。

咨政院　宣统二年（一九一〇），咨政院成立，议员共二百人，半数钦派，中有王公大臣绩学之士，及纳税最多之人民，半数由谘议局选出，并经督抚挑选者充任，额占谘议局议员十分之一。其职权则审查预算、通过法令、弹劾内阁等。皇帝有最后决定之权，咨政院开会，亦能行使职权。

国人之失望　以上种种，树立立宪之基础，殆不可非，朝廷于宣统三年（一九一一），颁布官制，裁撤内阁军机等，采用外国内阁制，总理大臣一人，协理大臣二人，下设外务、民政、度支、学务、陆军、海军、司法、农工商、邮传、理藩部，各有大臣一名，废去尚书侍郎之名，并裁撤吏部礼部，组织视前简单，不可谓非进步。所可异者，总理大臣任用奕劻，协理大臣满、汉各一，十部大臣满人占七，汉人三人。革命党人方倡言种族革命，而朝廷重用满人，当国人要求速开国会之际，而亲贵反多居于要津，乃与时论相违。各省谘议局议员推举代表，迭次请愿速开国会，罢免亲贵。咨政院及督抚亦请召集国会，摄政王始许改于宣统五年（一九一三）召集国会，严禁入京请愿，于是大失人心，祸机伏矣。

第十六章

清末外交

外交问题　三国商约　商约要款　日、俄战争之酝酿　战争与中国之关系　中、日善后条约　日本经营南满　远东形势　中、日问题　德、美之企图　俄国之侵略　中、英交涉　借款筑路　清季外交之评论

外交问题　拳匪乱后，朝廷始知中国在国际上之地位，改变传统之观念，仇外之思想变而媚外惧外，遇有事变尝以列强干涉为言，自相恫吓。两宫回京，德宗御乾清宫接见外使，礼节迥异于前，待遇至为优渥，太后亦于宫中接见公使。外交初为应付因乱发生之善后问题，英、美、日政策，维持其商业上或经济上之机会平等，俄则欲据东三省，日本视为利害切己，求一解决方法，终不可得，酿成日俄之战。日本胜俄，跃为强国，并于亚洲大陆得有根据地，远东国际形势，为之一变。嗣后政府又与俄、法订密约，共谋中国，遂与美国立于反对之地位。其时国人业已觉悟，方欲收回失去之主权，而日侵略日甚，英、俄亦谋伸长其势于西藏、蒙古，兹分言之于下。

三国商约　公约成立后之善后问题，已见于第十四章。新订之

三国商约，关系重要，盖有于此说明之必要。英据公约，遣马凯来议商约，先在上海开会，未有结果，往访刘坤一、张之洞，二人奉旨遥领会议也。马凯允许之条件，有为英商推翻者，如在通商口岸之外人，遵守中国章程，住于租界之华人许华官征税，交涉共达十月。二十八年（一九〇二）八月，英约签字。美约大体上同于英约，系美使康格与商约大臣交涉，明年八月签字。至于日约，其初日方提出草约，后根据英约，而日本于英、美承认之税率，不肯同意，交涉未有进步，会张之洞入京，让步解决，与美约同时签字。其他国家利用最惠国条款之待遇，只欲享受权利，不愿中国收回主权，乃多放弃修约之要求。兹言三国商约要款如下。

商约要款 一、商业权利：中国开放江门、长沙、北京、奉天府、安东、大东沟，加税实行后，增加万县、安庆、惠州，西江内增加外轮停泊处，长江航行许外轮上驶四川。关于内河，中国改订行船章程，许外商租设码头，并允外货再运出口者，海关退还税银。二、裁厘加税：英、美允许进口税增至百分之一二·五，出口税百分之七，日约则措辞含浑，谓照中国与有约国共同商定之税则输纳，加税之实行，须得列强之同意，且陆路通商，须废减税章程，又与俄、法利益冲突。欲得列强同意，势不可能，约文徒为具文耳。三、中国责任：条约载明者，一为立定国币，一为划一度量权衡。四、外国允许者：（一）中国整顿律例，将来司法情形妥善，三国即放弃领事裁判权。（二）英、美允禁吗啡自由运华。今观商约之内容，中国所许者多为实惠，外国所许者则为空言，吗啡之禁止输入，属于内政，乃亦商于外国，并许国内不得制造。

日、俄战争之酝酿 拳乱发生之事故，尤难于解决者，当为俄国占据东三省。俄国出兵经过，已见于第十四章。俄将与盛京将军代表，议定章程，朝廷闻报，知其丧失主权，即诏将军回京，而俄出而干涉，并欲独得三省兵权政权，限制地方官行使职权。朝臣疆臣时分两派，李鸿章主张许之。刘坤一等力持异议，谓许俄请，“各国必将效尤，分裂之祸立见”。英、日又向中国警告，乃俄竟强中国驻俄公使杨儒签定条约。各国闻而多劝朝廷拒俄，刘坤一坚持前议，俄外部迫公使不已，杨儒竟以死拒，其子奔丧，亦受逼自缢，声言不敢负此重大责任，俄约终未成立。李鸿章仍未忘情，向俄声称公约签字后，再签俄约。俄国派员与之协商条件，方始议妥，未及签字，而李鸿章死矣。英、日反对俄占东三省最烈，视为利害切己也。二国议订同盟条约，维持其在中国、朝鲜之利益，一国若与第三国开战，其同盟国应守中立，并防他国加入，如有他国加入其敌国者，即共同作战议和，期为五年。

同盟条约成立，专以对俄者也。俄租日本归还之旅顺、大连，日本无如之何，其在韩地位，以俄援助韩王，大受打击，乃与俄国协商，请承认其在韩利益，而俄不理，日本乃与英订同盟条约。俄国受其影响，与中国议订条约，中国赔偿俄国损失，俄国归还东省政权，交还山海关，新民屯铁路，分三期撤退东三省驻军。乃第一期内，撤退指定驻军，忽向中国提出封锁东三省之条件，外务部无法应付，事为外国所知，外使警告朝廷切勿承认，疆吏亦言不可允从，俄遂不肯撤兵，此二十九年（一九〇三）事也。

战争与中国之关系 日本迭向俄国交涉，提出让步条件，而俄轻视日本，未有所成。十二月（一九〇四年二月），日本撤回公使，舰队出而袭击俄舰，运军渡韩。二国以东三省利害之冲突，发生战争，地为吾地，人为我人，乃竟不能保护疆土、人民。中、俄边疆相接，长逾万里，二国交战，俄兵随时可侵入边境，势乃迫而宣布中立，划辽河以东为战区，事实上俄兵占据其地，不能令其退出，唯有此种办法耳。列强电告日、俄尊重中国中立，二国许之。日军自朝鲜攻入奉天东南部，两军人数约一百万人，日军迭陷城镇。三十一年春，俄海军自欧洲驶抵朝鲜海峡，为日舰队所败，几全覆没。二国接受美国调停，各遣代表议和，成立《朴资茅斯条约》。战争期内，中国严守中立，而执行国际公法上之义务极为困难，一则交战区内，禁止人民出售军粮于二国，实不可能，一则二国妨碍中国执行公法也。

中、日善后条约 《朴资茅斯条约》，除载明日、俄撤兵，交还政权，及维持东三省门户开放外，关于中国者，尚有二端：一、俄国让与旅顺、大连租借权及公共建筑物于日本；二、俄国让与长春、旅顺间铁路于日本。其让与须得中国之同意，外务部先已照会声明矣，日皇遣使入京，议商善后事宜，朝廷派大臣交涉，商议两月，签定条约，名曰《中日会议东三省事宜正约》。中国承认朴资茅斯让与日本之权利，日本允守中、俄借地及造路原约。正约外尚有《附约》，及《会议节录》。《附约》要款凡四：一、中国开放东三省商埠数共十六，曰凤凰城、辽阳、新民屯、铁岭、通江子、法库门、长春、吉林、哈尔滨、宁古塔、珲春、三姓、齐齐哈尔、海拉尔、爱珲、满洲里。二、中国许日改造安东至奉天省城之军用铁路，经营十五年后，售于中国。三、二国共办木植公司，采伐鸭绿江右岸森林。四、华官划定营口、安东及奉天府日本租界。《会议节录》，双方未有文字说明其性质，日人称为秘密议定书，实不足信。其记存于《节录》者凡十七款，关于铁路者，一、中国不筑与南满铁路并行之路；二、向日借款建筑长春、吉林铁路，及辽河以东铁路。

日本经营南满　双方力争未得解决者尚多，矿产及木植公司皆其明显之例。矿产于《会议节录》载明附属铁路者，无论已开未开均应妥议章程，此系原则，章程固未议定。《附约》载明合资创办木植公司，细则亦未议定，乃后引起严重之局势。综之，日、俄战争之结果，一则东三省开放，商埠大增，一则日人伸长其势力。其政府借款经营，不顾一切，遂与中国立于冲突之地位。经营机关，一曰南满铁路公司，二曰关东州都督府，均于三十二年（一九〇六）成立。公司资本日金二万万元，铁路资产估值九千二百八十万元，战争期内，政府专为铁路用去八千万元，至是，作为一万万元，余款募自民间，事实上则多借自英国。据美人雷莫调查，迄于民国三年（一九一四），日人投资只有二千四百万元，公司付息给政府一百九十万元，而政府给英五百七十万元。公司经营铁路，兼开矿产，并作其他投资，概受关东都督之监督。都督府成立稍迟，管辖旅顺、大连及铁路区域，日人目其地为关东州也。都督以陆军大将或中将充任，统率军队，统理政务，扩张利益。日人改筑铁路，采用标准宽度，同于我国铁路，整理大连海港，修建道路，规模远大。

远东形势　就国际地位而言，日本新与英国改订同盟条约，期为十年。同盟范围，扩至印度。日本则因同盟之故，免去孤立，且可借得利息低微之外债也。日又于三十三年（一九〇七），与法缔结协约，称为维持远东之现状，另有换文互相承认其在中国之特殊利益。日认两广、云南为法势力范围，法认南满、福建为日势力范围，尤可异者，日本亦与俄订协约及密约，协约注重维持东方之现状，密约划分南满、北满之界线，各于界内经营，不相阻挠。日本更承认外蒙古之俄人利益。于是远东问题日多。

中、日问题　初《会议节录》关于铁路要款，已见于上，其未议妥者，尚有大石桥至营口铁路，此路初为俄国运输建筑材料而设，日本要求续办，中国不许，条约成后，朝廷应日要求，辽河以东铁路建筑费，向南满铁路公司商借，建筑吉林、长春铁路又借日款，工程师雇用日人。会外务部谋借英款建筑新民屯、法库门铁路，日本视为损害南满铁路之利益，出而阻挠。京、奉铁路迁移奉天车站，日亦出而抗议，并又向我要求吉林、长春铁路，延至延吉厅，外务部不许，请日拆去大石桥营口铁路，日亦弗应。关于矿产，日本要求开采抚顺、烟台煤矿，中国则主二国合办，亦未解决。其他问题，尚有保护延吉韩人之争执。宣统元年（一九〇九），日本借口自行建筑安东奉天铁路，延吉问题，时亦严重。朝廷迫而让步，议定韩民归华官治理，许日员观审，并开放商埠。铁路则吉、长路线展达朝鲜，新民屯、法库门筑路，先商于日，大石桥营口铁路归日经营。京、奉移站，日无异议。矿产则许日开采抚顺、烟台煤矿。其他沿铁路之矿产，中、日合办。

德、美之企图　日本经营南满既为中国所患，亦为他国所不满。德皇向美总统协商，主张美、德、中国同盟，后则欲俄加入，盖尚不知俄已与日订成密约也。中国方面，袁世凯主张三国同盟，而朝廷则多顾虑。会袁世凯免职，无人主持，未再向美磋商。美国对日固无作战之心，二国签定仲裁条约，并互换照会，声明维持太平洋现状，及中国门户开放政策，同盟条约遂无所成。宣统元年，中日悬案解决，中国向英、美商人借款建筑锦州、爱珲铁路，日、俄出而阻挠，美乃照会中、日、英、俄、法、德建议投资收买东三省日、俄铁路，暂由国际委员会管理。其思想原倡自美商，并向日、俄交涉，均无所成，至是，日、俄仍持异议，其同盟国受其影响，亦不赞同，计划再归于失败，反而促进日、俄之邦交。综之，美国政策，仅欲维持其商人之平等待遇而已。

俄国之侵略　俄自败于日本，侵略野心，并未稍戢。其在北满新与中国订约，采伐森木，开采东省铁路傍之矿产，其先政府固未予以承认。自国际形势而言，俄、法为同盟国，日、俄更相亲善，订成密约。及美提出收买铁路之计划，二国邦交益密，宣统二年（一九一〇），又缔结条约及密约，条约则互相尊重其所得之权利，并协商应付事变之处置，性质无异于同盟条约矣。密约则维持其前划定之势力范围，各自巩固及发展其利益，不相侵害，若受威胁，二国协商防卫之办法。同时英亦与俄谅解，成立协约，于是俄无忌惮，中国应付益难。外务部以俄铁路公司侵犯主权，交涉结果，铁路区域内之市政府，得设自治会。商业则铁路运输货物，减税三分之一，水路二分之一。外务部又欲于外蒙古新疆设关收税，俄不肯承认，更诱外蒙古独立。中国业已改变治蒙政策，创办新政，并奖内地人民移居垦荒，惜主持者繁例苛税，外蒙人不堪，向俄乞援，俄遂出而干涉。及革命军起，外蒙古遂独立矣。

中、英交涉　于此期内，英国商业仍最发达，其政府协助中国禁烟，已见于上。中国边界与印度、缅甸接壤，界址初未勘定，英欲通商或扩展土地，问题遂起。初西藏为印军所败，中、英缔结条约，而喇嘛与俄国往来，印度总督请以军队护送其使者径往拉萨交涉。二十九年，使者率同军队出发，明年迭败守兵，达赖出逃，成立条约，西藏开放商埠，削平边界炮台，赔偿军费，内政不受外国干涉，不准外人筑路开矿。清廷闻报，遣员入印交涉，未有所成，三十二年（一九〇六），始与英使订成条约，英不占并藏地，及干涉其政治，中国亦不须他国干涉，独能享受外国不能享受之权利。此后朝廷改变政策，值西康有乱事，赵尔丰前往治理，改土归流，设官立学，西康渐定，转而经营西藏。会达赖入朝北京受封回藏，川兵入藏，达赖惧而逃往印度。川兵远戍思归，及革命报至，起而为变，西藏亦乘机“独立”矣。其他交涉，尚有英兵占据云南西部片马，革命军起，成为悬案。

借款筑路　其他重要交涉，当为借款筑路。列强争先承借，一则含有政治作用，一则视为安全稳妥之投资也。凡得借款者，契约上载明雇用其国人为总工程师，材料乃向本国购买，亦筑励工商业之一方法。借款兴筑之路甚多，兹言其主要者如下：津浦铁路向英、德商人借款九百八十万镑，沪宁铁路向英商借款三百二十万镑，沪杭甬铁路借英款一百五十万镑，芦汉铁路前借比款兴工，朝廷于拳匪乱后改称京汉铁路，借英款五百万镑，归还比款，并筑未成之路线。他如道口镇、清化镇铁路，正定、太原铁路，开封、洛阳铁路，广州、九龙铁路，京奉铁路，均借外款建筑。日人于南满借款兴筑之路，及外国承办之铁路，已见于上，兹不复赘。其当附言于此者，美于收买满洲铁路失败后，其银行与英、法、德银行成立四国银行团，在华投资。张之洞欲借外款，建筑川汉、粤汉铁路，会得病死，四国公使迭催开议，邮传部迫而签定借款契约。国内绅商反对，造成严重之局势，大祸遂在酝酿中矣。

清季外交之评论　综观清季外交，吾人不胜感叹。十九世纪中叶而后，世界交通日趋便利，维持闭关，绝不可能。士大夫本于旧日之思想，应付新时代之问题，无不处于失败之地位。其人昧于世界大势，初不知力弱不足以胜外人，后虽知之亦未能猛勇向前，以致改革迟延，迭受败辱。一次损失过于一次，未非谋之不臧也。中国损失，一为藩属之丧失，土地之削小，军港之租借，势力范围之划定，租界之增多，一则主权丧失，外人所处之地位反宾为主，政治条件固无论已，商人亦无往而不处于特殊待遇之阶级。严格言之，中国殆不能称完全独立自主之国矣。

第十七章

革　命

会党与政治关系　思想之剧变　孙文略传　同盟会之活动　川路之争　武昌举兵之始末　响应区域之广大　响应革命之人物　人心之倾向　清廷之让步　责任内阁之成立　汉阳、南京之役　国内之情状　临时政府之成立　南北议和　清帝逊位

会党与政治关系　中国秘密会社，由来已久，潜伏之势力至为强大，历史上之叛乱，往往与之有关，古代固无论已，近代白莲教之乱、太平天国之起、义和团之祸，莫不与之有关，或即借之号召党徒，起而为乱也。其人多为愚民，迫于生计，服从其领袖，铤而走险，常无大志，其领袖亦不过本于取而代之之心，颠覆政府耳。列代剿平匪乱，从不考究其作乱之根本原因，而徒诿为官逼民反，政治腐败固养成匪乱之一原因，而人民之所以为匪者，则多造成于人口增多，生计困难，不甘坐而自毙也。士大夫处于领袖地位，原少与民众接触，不知其痛苦，又囿于忠君思想，多所顾忌，率领贫民而为乱者例实罕见，乃于会党或盗魁起兵胜利之后，屈己奉之，此历史常见之例。其破先例者，其在清季乎？

思想之剧变　清季外交失败，士大夫深受外国思想之影响，渐

而改变传统之观念，主张采用西法，立宪运动则其明证。青年有为之士，勇于进取，对于政治希望太大，失望亦其最甚，终乃以为非革命不足以复兴中国，起而组织秘密会社，潜谋起兵，更为扩张势力及活动之计，与旧有之会党连结。其时风气已变，从前视倡言革命为大逆者，亦变而赞助，尤以华侨为甚。华侨住于外国，常受不平等之待遇，亟欲中国富强，予以有效力之保护，故多同情于革命。其在外国得款较易，往往出款赞助党人。党人多为知识界人，秘密会党始乃改变性质。顾其活动之中心，或在外国，或在国内之租界，而在内地者，仍以旧有会党为有势力。新党活动最力者，当推同盟会。

孙文略传　初，孙文创立兴中会，举兵失败，逃往外国，其推翻清廷之思想，迄未改变，起兵之时，年尚不足三十，据其自传：生于一八六六年（同治五年），十二岁读经，十三岁渡夏威夷岛往依其兄，并习英文，留住五年，返国后住香港，入拔萃书室，转入香港书院，再往夏岛，不久即归，二十一岁，始习西医，入博济医校，次年，入西医书院，五年卒业。其言所好曰："文早岁志窥远大，性慕新奇，故所学多驳杂不纯，于中学则独好三代两汉之文，于西学则雅信达文之道，而格致政事，亦常浏览。至于教则崇耶稣，于人则仰中华之汤武，暨美国华盛顿。"孙氏博览群书，比较中西制度，而欲有所改革，举兵事败，逃亡外国。其在欧、美也，对于华侨宣传革命，初无效果，命遣同志，连合会党起兵，亦归于失败。

同盟会之活动　革命前途黑暗，拳匪乱后始大改变，政府方奖游学，各省派学生至日，留学生人数增加，分子复杂，而多数固反对政府，各派领袖认为有合作之必要，光绪三十一年（一九〇五），成立同盟会于日本，势力大增，发行报章，倡言种族革命，建设共和政府。顾宣传之文字，或在外国印行，或在租界传递，仍未能唤起全国人民之注意。有效之方法，当为起兵。自同盟会成立以来，会员颇为活动，或联结会党，或运动新军，并得外人之赞助，起兵于广东六次，湘、桂、滇各一次，皆以子弹缺乏，归于失败。其最大牺牲，则为宣统三年（一九一一）三月二十九日（四月二十七广州之役。此役也，党中有为之士，集于广州，联络新军，分队出发，猛扑官署，死亡七八十人，归于失败。同盟会外，尚有光复会等，光复会领袖徐锡麟举兵，事败被杀。其受革命宣传之影响，暗杀官吏，或举兵者，亦未成功。

川路之争 革命迭起，人心已感不安，四川铁路之争，时人对于政府失望益甚。先是，绅士视建铁路可获重利，先未筹足款项，即请政府立案，川汉、粤汉铁路，均其例也。湘、蜀且办苛税，作为筑路经费，完工则遥遥无期。宣统三年，四国银行团借款建筑粤汉、川汉铁路之契约成立，朝廷宣示政策，干路收为国有，支路仍许商办，粤汉、川汉将由邮传部收办。御史有劾邮传大臣盛宣怀者，绅商利益与之有关者，亦持异议。政府发还商股，四川待遇最劣，盖以董事侵蚀太甚也，川绅乃力反对，请愿罢市，而朝廷坚持前议，并命端方统兵入川。总督赵尔丰初原敷衍绅士，为之奏请，而朝旨不许，及闻端方入川，心不自安，转而欲惩首要，将其逮捕，形势日益严重。游民有乘机滋扰者，朝廷得报，诏岑春煊入川剿抚。岑氏旧与奕劻有隙，奕劻遇事沮之，不肯入川，而武昌革命起矣。

武昌举兵之始末 川路之争与武昌革命原为二事，不相联络，前者之影响，在使人心不安，以为祸患将作，已而革命果起矣。同盟会自广州失败以来，干部人员深为失望，乃谋于长江方面活动，成立中部总会，尤注重武汉。武昌旧有日知会，创于教士，内有报章杂志，新兵常来浏览，渐变为革命机关，与同盟会合作。同盟会员于汉口俄租界设立会所，运动新兵，原定于八月十五日举兵，乃以领袖未至，延期发难。不意会所制造之炸弹爆发，巡捕捕去二人，武昌机关亦被破获，捕去三十一人，并搜得党员名册。同盟会干部人员之在武汉者，急函会员，嘱勿来鄂。顾捕去人员供辞牵及军人，且有名册可凭，湖广总督瑞澂欲兴大狱，饬按名册逮捕。军人闻而不安，工程营兵倡议发难，十九日（十月十日），午后九时戕杀营官，攻据军械局，自城外攻入武昌。瑞澂惊惧出逃，新军主将张彪亦走，城中无主，新军加入革命军，遂据武昌。

今观武昌举兵之始末，初无一定之计划，发难乃为自救，其能成功者，则因瑞澄出逃也。善如孙文之言曰："倘瑞澄不逃，则张彪断不走，而彼之统驭必不失，秩序必不乱也。以当时武昌之新军，其赞成革命者之大部分，已由端方调往四川。其尚留武昌者只炮兵及工程营之小部分耳。其他留武昌之新军，尚属毫无成见者也。乃此小部分以机关破坏而自危，决冒险以图功，成败在所不计，初不意一击而中也。"新军既据武昌，号称革命军，尚无领袖，拥协统黎元洪都督。黎氏初学海军，中、日战后，改习陆军，擢至协统，至是为兵士拥戴，谘议局长汤化龙，亦被举而管民事。

响应区域之广大　革命军渡江，未遇抵抗，先后占领汉阳、汉口，声势大振。清廷闻报，诏陆军大臣荫昌统军南下，并调舰队助战。北军迟迟不来。革命军召募新兵，充实战斗力，击败河南来攻之少数军队，距起义时七日矣。此役也，虽非激战，亦未死伤多人，而影响至为重要，盖革命党之活动，如举兵暗杀，久已使官吏惊惶失措。其人囿于见闻，遭遇新时代之事变，往往无法应付，武昌举兵，清兵战不能胜，更足以增加其惶恐，而赞成革命者，胆气益壮，易于响应也。九月一日（十月二十二），湖南长沙、陕西西安均告独立，明日，九江独立，八日，山西独立，明日，云南独立，皖北亦有独立者。其他次第独立之省，有江苏、贵州、浙江、广西、福建、广东等省。

响应革命之人物　各省响应革命，初无预定之计划，其主持独立者各自为政，不相统率，其人或为秘密会党之领袖，或为同盟会员，或为清廷任用之官吏与将士，于此期内，新军将士最占重要地位。武昌革命全为新军之力，已见于上，他如山西、陕西、九江等地，亦多由其主持。盖其军官曾受教育，倾向于革命，且驱逐长官之后，即可升至都督。疆吏宣布独立，大都迫于环境，有先独立而后取消者，山东则其明例。同盟会员集中于武汉、上海，黄兴应召赴鄂，统率革命军与北军激战，陈其美无兵无饷，竟能取得上海。秘密会社乘机起兵者，湖南、贵州皆有明显之例。顾其领袖未脱旧日之思想，终不能安于位。

人心之倾向　士大夫深信中国欲达富强之目的，非政治上有重要之改革，不能成功，而清廷迟迟立宪，重用亲贵大臣，不能餍其所望。凡留心国事者，莫不明了外国富强，远过于中国，对于清廷亦极失望。革命乃应时而生，既为举国一致之运动，且有无穷之希望，青年勇敢之士，莫不兴奋欲有所为。革命口号尝有意外之效力，凡宣布独立之各省，或举兵之城邑，多无战事，其易有如反掌，事例之多，不胜枚举。兹言一例，以便有所证明。南昌新军独立，推协统吴介璋为都督，就职之后，境内尚安，有教官名彭程万者，捏造函件投递军政府，谓孙文、黄兴开会，公举彭程万为都督，并遣敢死队入城。城中为之不安，忽有一人，自称孙文代表，至军政府宣读彭程万委任状，吴介璋竟辞职去，彭程万遂为都督。事之经过，自今观之，直为儿戏，而在当时足以更换都督，此可见革命宣传之力矣。

清廷之让步 清廷应付革命军之方略，用兵讨伐，命荫昌督师，忽又起用袁世凯为湖广总督，一地二帅，可见监国惊慌无主之情状。袁氏成立北洋军队，负有能名，至是，鉴于前事，托病力辞，而朝廷再三催促，袁尚迟迟其行。会湖南、陕西响应革命，载沣授袁钦差大臣，节制各军。其时北军援至，会同海军，战败汉口下流刘家庙之守兵。革命军退守汉口，利用民房，狙击北军，北军纵火攻下汉口，荫昌指挥之力也，而朝廷将其召回。时值咨政院开会，通过议案，奏请罢免亲贵大臣，即开国会，人民代表协议宪法，赦免政治犯。载沣方在考虑之中，而山西兵变，人心惶恐，乃下罪己之诏，誓与军民维新，实行宪政，不咎既往。顾革命军之势力日益张旺，问题将决定于兵力，人心趋向绝非一纸诏书所能挽回。第二十镇统制张绍曾且屯兵滦州，要求立宪矣。第五镇统制吴禄贞亦于石家庄自由行动，扣留南运军火。

责任内阁之成立 于此情状之下，京中人心惊惶，不可终日。咨政院草成宪法十九条，采用英制，政权归于国会及内阁总理，载沣即命誊黄宣布，并宣誓太庙，以示遵守。朝廷又许奕劻辞职，诏命袁世凯为内阁总理大臣。咨政院依据宪法，选袁为总理。清廷重行任命，对于张绍曾则传谕嘉奖，改授吴禄贞为山西巡抚，会吴为人所杀，张亦不见容于部下，于是北洋军队全听袁世凯指挥。袁氏奉旨入京组阁，九月二十六日（十一月十六），内阁成立，阁员多为知名之士，中有不肯就职者，实际上袁握政权，阁员多其亲信，且言总理大臣不必每日入值，内外奏疏宜先送至内阁，由其代递，召见官员及奏事处传旨，均应废止，免与宪法冲突。清廷许而从之，亲贵大臣相继免职，禁卫军亦归总理调遣。袁氏掌握政权军权，摄政王俄亦引咎辞职，孤儿寡妇固非其敌，遂得为所欲为。

汉阳、南京之役 各省响应革命，而战争并不甚多，两军攻守之省，有山西、陕西、安徽、江苏、湖北，而比较激烈影响重要者，当为汉阳、南京之战。山西、陕西新军无几，势力薄弱，独立后均为清兵击败，形势危险。皖北则两军相持。湖北则北军攻据汉口，革命军退守汉阳。值袁世凯南下视师，遣人说黎元洪降，弗应，会湖南军队援鄂，黄兴亦至，黎元洪任为总司令。黄兴召编敢死队，十月，反攻汉口，战不能胜，改自襄河上流进攻，截断北军后路，亦不能胜。北军乘胜渡襄河反攻，迭据要塞，守军逃至武昌，七日（十一月二十七），北军占领汉阳。斯役也，革命军战斗勇敢，冲锋者多为北军机关枪所射杀，军械远不相如，为之奈何！武昌惊惶。黎元洪于城外设立行台，通电暂与政府议和，幸而北军奉令停攻武昌。上游失利，下游则革命军攻陷南京。初南京新军于城外独立，为绿营改编之江防营所败，其主将则忠于清室之张勋也。会南方各省遣军会攻，张勋告急，而援兵不至，战不能胜，率其残部退守江北。此十二日事也，距汉阳之败，仅五日耳。

国内之情状 战争期内，人心惶惶，商业停顿，学堂放学，殷富之家迁居租界，稍有衣食者亦远避难。其原因则人民之视政府漠然不关于心，久居治安之城邑，平生不知兵革，一旦遭遇事变，自不免于不安，且兵多无纪律，万一败溃，将必大掠。历史上纪载兵灾，死亡至为重多，太平天国之乱，则其明例。革命之役，迥异于先，固未惨杀。其死亡较多者，当为旗人，盖当种族思想发达之时，兵士泄恨，无赖抢劫，均所不免也。战事延长，收入大减，列强借口海关盐税担保外债，将其保管，而双方召兵购械，在在需款，终将难于持久。外人以为战事妨碍其商业，英使出而劝说北方议和，军火商人则贩运军械。要之，外人之在中国，唯利是视耳。其政府且利用事变，扩展权利，接收上海会审公堂，援助外蒙、西藏“独立”，尤其明显之例。公廨向由华官审理本国人民，外官亦出席陪审，至是，官吏逃匿，领事派员接管，不许中国收回。外蒙古、西藏“独立”，已见于第十六章。

临时政府之成立　南方各省各自为政，乃因事实上之需要，议设临时政府。咨政院议员之未北上者，在上海开会，推黎元洪为大都督，决定赴鄂，及抵汉口，汉阳已告危急，改在租界开会，匆匆通过《临时政府组织大纲》。大纲采用总统制，分设外交、内务、财政、军务、交通五部。临时大总统用人行政，须得参议院之同意，议员由都督府遣派，每省三人。俄而汉阳失守，代表东下，其留在上海者，忽推黄兴为大元帅，黎元洪等力持异议。及南京克复，代表前往，改选黎元洪为大元帅。黄兴、黎元洪皆不就职，临时政府无人负责，值孙文自美归国，十七省代表举为临时大总统。孙文于公元一九一二年一月一日（十一月十三）就职，于是临时政府成立，而黎元洪仍称大元帅，政权军权仍不统一，终乃与北方议和，迫而承认袁世凯之优越地位。

南北议和　袁世凯于汉阳胜后。按兵不进，招回指挥作战胜利之冯国璋，而以段祺瑞代之，亦不派兵往援张勋，其目的则玩弄孤儿寡妇于股掌之上，倾向于议和，以逞其大欲也，乃据英使劝说，奏准朝廷遣唐绍仪南下议和。其部将欲奉为总统，商于南方领袖，黄兴等许之，临时大总统之迟迟选出者，盖虚位以待之也。及孙文就职，北军自汉阳开枪，攻击武昌，称为袁氏而战。南方领袖知力不敌，仍主议和，临时大总统且有让贤之言。袁世凯一面与南方秘密商议条件，一面利用部将胁迫亲贵大臣，一月中，和议将成。袁氏密奏时局危急，讽劝隆裕太后早日决定禅让，且引法国革命为证，曰：“如能早顺舆情，何至路易之子孙靡有孑遗也。”太后迭召王公会议，无所决定。其反对者有军谘使良弼、恭亲王溥伟等。袁氏阴谋为其所知，对于袁氏将有不利之行动。会良弼遇刺，亲贵大臣不能有为。段祺瑞撤兵后退，联合北方将士，发出通电，主张采用共和政体。

清帝逊位 北方将士先称誓死反对共和，忽而恫吓清廷，太后以为军心已变，召集王公大臣一再磋商，除逊位而外，别无办法，二月一日，决定逊位。袁奉懿旨，与南方议订优待条件，实则时已议妥，其争执则南方要求黄兴为陆军总长，北方坚持段祺瑞也。南方处于不利之地位，放弃要求，和议遂成。二月十二日，太后下诏逊位，并公布优待条件，诏旨命“袁世凯以全权组织共和政府，与民军协商统一办法”。优待条件，可别为三：一、清帝尊称不废，民国岁给四百万元，保护其宗庙、陵寝及原有私产。二、皇族世爵概仍其旧，民国保护其私产，除免当兵外，许其享受平等之权利。三、满、蒙、回、藏之王公世爵及固有宗教，概仍其旧，民国代筹王公及八旗生计。清帝逊位，中国专制政体，形式上作一结束，而国内之问题尚多，固未随之解决也。

第十八章

袁世凯统治下之民国

临时总统问题　国都问题　善后问题　党争　内阁之迭更　第二次革命　国会之解散　政治制度之变更　帝制运动　起兵讨袁　外交形势　外蒙古　西藏　日本对华政策　二十一条交涉　其他外交问题

临时总统问题　二月十二日，清帝逊位，袁世凯组织政府，寓有受禅之意，孙文识破其阴谋，先曾声明清帝不得干与临时政府组织，政府地点须在南京，孙总统须俟列国承认民国之后，始行解职。袁称其条件与前议矛盾，孙总统让步，修改条件，其主要者：一、袁世凯宣布政见，绝对赞成共和。二、孙文于清帝退位后，即行辞职。三、参议院举袁为临时总统。四、袁誓守参议院所定之宪法，始能接受事权。今观让步之条件，一为即行辞职，一暂置地点不提，所谓宪法，则指尚未公布之《临时约法》，南京政府盖欲以之制袁者也。十三日，袁世凯电报南京政府，宣布赞成共和。孙文向参议院辞职，推袁继任，并附条件三项：一、临时政府设于南京。二、新总统亲到南京受任，前总统及国务员始行解职。三、新总统遵守《临时约法》。

国都问题　参议院时已成立，有十七省代表（独立者只十四省），十四日开会，省各一票，袁世凯以十七票当选，讨论政府地点，多数议决设于北京。孙文咨请覆议，十五日，议决改设南京，乃授人以口实。北京为袁势力所在之地，南京则为同盟会员集中之地，关系重要，双方各不让步。袁于表示政见之时，已称不能南下，至是，竟以退居为要挟。孙文仍持原议，并派蔡元培等北上迎袁就职，《临时约法》于二月初起草，改总统制为内阁制，国务员须得参议院之同意，方能任命，全为对人立法，不适于用，后乃引起政治上之纷扰，三月八日始行成立。迎袁专使入京，袁未表示拒绝之意，不意二月二十九夜，北京兵变，纵火抢劫，专使幸而逃免，明日，天津、保定亦有兵变。北方人心惊惶，公使调兵入京，三月二日，专使电请南京政府迁就，政府另筹办法，未有所成。六日，参议院许袁在北京就职，十日，新总统宣誓就职，明日，孙总统公布《临时约法》。

善后问题 袁就职后，提出唐绍仪为内阁总理，参议院予以同意。唐亲至宁，欲改九部为十二部，安插人员，参议院改为十部。唐氏提出阁员，一人未得通过，其通过者，袁总统下令委任。四月一日，孙总统解职，参议院俄迁北京，黎元洪亦解大元帅职，南北形式上归于统一，善后问题至为繁多。其重要者，一为安插人员。各省官员增加，无法位置，乃荐往中央政府，据名记者黄远庸报告，荐书来自副总统黎元洪者为多，黎力安插举义人员故也。且派一部分留学外国，其人先无预备，多靡公款，固所不计。于是各部司员，半经伟人荐拔，无法整顿。一为财政困难。政府惟恃借债，发给军饷政费。一为政权尚未统一，中央命令不行于各省。

党争 于此情状之下，外交问题亦至严重，而各党各派方争政权，从不顾及人民利益，树立大计，宜黄远庸大声疾呼，斥为游民政治也。其时政党繁多，未有确定明显之党纲，又无多数选民之赞助，全为少数之活动，近于政治学会，时而加入甲党，时而投入乙党，甚者兼为二、三党会员。其时主要政党一为同盟会，一为共和党，均在参议院不及半数，第三大党则为统一共和党。孙文于是改组同盟会，以清除投机分子，成立国民党。其他政党亦有变化，中央政治未入于常轨，各省情状亦极恶劣。其造成之主因，则举兵之武人，各据一隅，广召军队，以致军饷困难，兵变时起。其散而为匪者大为害于乡里，白狼之乱，劫掠数千里，北方骚扰，数年乃平。一省长官名曰都督，总领军民，往往不理中央命令。

内阁之迭更 唐阁自成立以来，对于国内问题，未有适当之解决，阁员且以意见不合，互相口角，乃借责任内阁之争，潜出北京，此元年（一九一二）六月事也。总统提出陆征祥为总理，参议院通过，而竟否决总理提出之国务员。时值中、俄交涉严重，而政务无人负责，舆论指摘议员，有请总统便宜行事者。参议院让步，第二次投票，除一人外，均得通道，转而弹劾陆征祥失职，以为报复。陆遂托病请假，内务总长赵秉钧奉命代理，九月，商得国民党领袖之同意，实授总理。凡此党争，徒费时日，政治上之改革，将待国会之召集矣。国会组织法及议员选举法于八月公布，国会采用两院制，一曰参议院，议员二百七十二人，由省议会选出，蒙古、西藏、华侨等亦有代表；一曰众议院，议员五百人，选举资格虽有规定，而国内未有确实之人口调查，全由劣绅包办，被选者不过出钱买票耳。

第二次革命 二年（一九一三）四月，国会召集，国民党得席最多，民主党等合并，改称进步党谋与之抗，势固不敌。国民党党员宋教仁平日主张责任内阁，于选举胜利后，自沪乘车北上，在车站被刺，重伤而死。凶犯被捕，发现密电，与内务部职员有关，以为赵秉钧所为，孙文即欲讨袁，国民党都督不可。袁知非以兵力不足维持其地位，乃向五国银行团协商，借得二千五百万镑，孙文等通电反对，国会议决契约无效，然未发生效力，而袁态度益强，意欲用兵，剪除异己。黎元洪助之，捕杀运动军队之党人，六月，总统下令免去江西都督李烈钧、广东都督胡汉民、安徽都督柏文蔚职，并调北军南下。七月，李烈钧起兵讨袁，黄兴亦至南京，宣布独立。安徽、广东、湖南、福建、重庆起而响应，战争区域限于江西、江苏。北军攻下湖口，进至南昌，李烈钧逃去，江苏则张勋统兵南下，黄兴去宁，其再独立者，亦为张勋所败。上海革命军进攻制造局，不胜，余多取消独立。

国会之解散　二次革命失败之速，一则商民反对举兵，一则袁有预备，一则国民党分子复杂也。战事之结果，中央权力达于各省，国会尚不知其地位，决定先举总统，后议宪法。总统任期五年，得连任一次，十月六日，袁世凯当选，明日，黎元洪被选为副总统。十日，袁氏就职，列强之未承认民国者，次第承认。国会方议宪法，采用内阁制，国务员对于众议院负责，总统初争宪法公布权，又以利害切己，派员陈说意见，为议员所拒，乃发通电反对《宪法草案》，各省长官起而应之，并请解散国会。十一月，国民党奉命解散，取消其党员出席国会之资格，国会开会遂不足法定人数。十二月，政府召集政治会议，各省长官均派员出席，总统总理等亦派人员。其重要之议决案凡三：一、根据黎元洪之请，决定遣散国会残余议员。二、通过解散各省省议会，其先总统已令停办地方自治矣。三、议决组织约法会议，议定约法。

政治制度之变更　约法会议于三年（一九一四）召集，议员五十七人，全由政府包办，选举只为名目，其议定之约法于五月公布，名曰《中华民国约法》。总统总揽政权，设置国务卿，赞理政务，下分九部，掌管行政，设立肃政厅，纠察官吏，平政院审理案件，又设参政院，其议员曰参政，由总统简任。总统任期改为十年。中央官制既有变更，各省官制亦有改变，政府先欲军民分治，不得，及二次革命失败，始能实现。至是，都督改称将军，民政长为巡按使，裁撤内务、教育、实业各司，组织政务厅，又改国税厅筹备处及财政司为财政厅。省下原设之观察使，改称道尹，县则照旧，省分三级，视前虽较简单，而国内交通便利，迥异于前古，固不如采用两级制也。袁既统一政权，疑忌立有大功之长官，黎元洪应召入京，前云南都督蔡锷闲居京中，均其明例，即其部属，袁亦忌之。

帝制运动　国内统一之后，原易进行改革，或有所建设，不幸袁非其人。会欧战发生，日本提出二十一条，迫政府承认。袁此时尚未肯振作，反欲称帝，征求顾问古德诺之意见。古德诺草成中国宜于君主一文，袁党据为口实，创立筹安会，电请各省赞同，交通系梁士诒等，筹备帝制，不遗余力。惟彼等所顾虑者，为列强之承认问题，遂使公民请愿团迭向参政院请愿，最后决定由国民代表大会投票解决，选举全受官吏之点派，实无所谓民意。代表凡一千九百九十三人，无一反对帝制，袁氏大封功臣，将于五年一月一日登极，改称洪宪元年。列强除日本而外，未有积极反对之表示，甚有向袁表示承认新政府者。筹备方告就绪，而云南起兵矣。

起兵讨袁　云南响应革命，深赖蔡锷之力，及南北统一，蔡锷入京。蔡为梁启超弟子，梁于帝制进行之初，避居天津，发表反对帝制文字，蔡则在京签名于公呈拥戴表文，然此固非本心，与师潜商，议定起兵计划，遂往云南，其地军官多其旧部故也。国民党自第二次革命失败后，孙文在日改称为中华革命党。党人起兵反袁，一无成功。至是，李烈钧亦遣人入滇，将军唐继尧，于四年（一九一五）十二月二十三日，电请袁取消帝制，不得，二十五日，起兵讨袁，名曰护国军，分兵出发。明年一月，袁遣北军入川，而贵州又宣布独立矣。广西俄亦加入。袁氏迫而撤销帝制，西南方面欲其辞职，相持不下，四川、广东、浙江又宣布独立矣。北洋诸将亦有不肯为之用者。六月，袁死，副总统黎元洪代行职权。中国遂成割据之形势。袁之为人，信如《中国近代史》于页七二二论之曰：

> 狡诈成性，自营务出身，叛君卖友，跃为高官，以为人多类之，而又久官于直隶北京，洞悉官吏之排挤，运用之阴谋，习而安之，神乎其技，徒以兵力，一旦为共和国之领袖，固难明了新时代之环境与需要，心中未脱帝王之思想，自误误国，负罪深矣！

外交形势　于此期内，政治改革，原易进行，而袁一无建设，反而种下祸根，外交方面亦令人失望。民国成立，列强利用时机，扩张权利，已见于上，对于中国修改税则之请，则置不理，反而要求赔偿商业上间接之损失。民国二年（一九一三），国会召集，巴西、美国首先承认中华民国，十月，总统正式选出，英、日、俄始行承认，并附有条件。其时外交上之问题，一为外蒙古，二为西藏，三为中、日交涉。三者应付至为不易，中、日交涉，尤为困难。兹略言之于下。

外蒙古　清廷优待蒙古王公，向不干涉其内政，蒙古虽为中国土地之一部分，然禁汉人徙居。俄人则自《北京条约》而后，得往蒙古游历，边境贸易，百里之内，概不收税。其待遇之优，远过于本国臣民。光绪末年，清廷始知失策，创办新政，奖励汉人实边，顾主持者不知轻重缓急之序，反而扰民。俄国应王公之请，出而干与，及革命军起，外蒙古独立，乌里雅苏台、呼伦贝尔等地应之。内蒙则以开放较久，汉人渐多，绥远长官应付得宜，未生事故。蒙兵内犯者，战亦不胜，总统请其取消独立，不得。又以俄故，不能用兵，乃与俄国协商，议订草约，参议院不肯批准，乃互换声明文件。俄人经营益甚，三年（一九一四），中、俄、蒙各派代表，会议于恰克图，明年，签定条约。中国承认外蒙自治，徒得宗主权之虚名，俄国进而操纵其政治，中国更应俄请，许呼伦贝尔自治。

西藏　西藏属于中国，清廷向不问其内政外交，及与印兵交战，又不肯听晓谕，迫而为城下之盟。朝廷始乃改变政策，经营西康，征服抗命之土司，并遣新军入藏。及革命军起，新军闻而哗变，抢劫佛寺，藏人恨甚，断其归路与接济，兵士追而缴械。藏兵乘势东犯西康，攻陷巴塘等地，川军、滇军奉命拒之，藏兵始退。政府以英干涉之故，不敢出兵，收复属地，达赖遣员入蒙，签定蒙、藏同盟条约。政府逼不得已，派员赴印，与英、藏代表会议于西摩拉。中、藏意见相去悬远，英使建议划分内藏外藏，内藏归华官治理，外藏许其自治，中国接受原则，界线则在西康、青海，果许其请，中国失地甚广，不幸代表擅自签约。政府向英声明，界线万难承认，遂无结果，此三年（一九一四）事也。七月，英、藏缔结条约，英国承认西藏政府，问题迄未解决。

日本对华政策　日本自胜俄后，改变政策，转而视仇为友，两次与俄签定密约，已言于前章。元年（一九一二），日、俄又订密约，划分蒙古势力范围，俄国承认日本在东蒙之特殊利益，所谓东蒙者，指热河而言，五年（一九一六）再订密约，二国互相援助，阻止第三国在华占有势力，其所谓第三国者，盖指美国，无异于攻守同盟条约矣。日、美利害冲突，立于反对之地位，英国为之改订英、日同盟条约，免去对美作战之责任。日本对华政策，系揭橥其所谓“大陆政策”，故革命初，乃赞助南京政府，二次革命时，亦有赞助。张勋军队攻下南京，杀害日商，日本要求多端，政府许之，所让与之权利，为满、蒙五铁路建筑权，及鸭绿江铁桥造成，许其运货减税。

二十一条交涉　三年（一九一四），欧战发生，中国宣布局外中立。日本以英、日同盟之故，出兵往攻胶州湾，中国划定战域，而日军不顾一切，强据胶、济铁路，并置抗议不理，及战事结束，日本不肯撤去战区外之日兵。明年一月七日，中国取消战区，日使日置益覆称日军不受拘束，且于十八日，径向总统提出二十一条。条件共分五号：第一号四条，要求山东权利。第二号七条，要求在南满及东蒙之优越地位。第三号二条，要求合办汉冶萍公司。第四号一条，要求不割让或租借沿海港湾岛屿于他国。第五号七条，要求聘用日籍顾问，合办警察，建筑铁路，借用日款，及传教权等。总统召集会议，筹商应付之策略，日使向外交部询问，答称不知，始乃送上要求。政府应付方法，故将条文泄漏于外，派员赴日游说元老，交涉方针则多方辩论，稽延时日，凡有关于第五号者，拒绝商议。

二月二日，中、日代表开会商议条件，消息无可再讳，日本答复英、美询问，未列第五号条款，外务卿对驻日公使陆宗舆密谈，亦有不坚持第五号之意。交涉未有发展。三月，日本恫吓示威，中国迫而让步，然以东蒙权利及杂居问题，相持不下，四月中，会议停顿。二十六日，日使提出最后修正案二十四条，中有关于第五号者。五月一日，中国方面提出最后修正案，外务省得报，内阁召集会议，修改条件，决定提出最后通牒。七日，日使面送最后通牒，要求于九日答复，中国力不能敌，忍辱许之，二十五日，签定条约。关于山东者三条，许日享受权利，中国向日借款建筑铁路，开放商埠，并不租让岛屿于他国。关于南满、东蒙八条，其主要者凡三：一、旅顺、大连及南满铁路展至九十九年交还。二、日人得于南满租地营业，东蒙许其与华人合办农业工业。三、中国开放东蒙合宜地方为商埠。余为换文，许日开矿，借用日款，南满聘用日人，合办汉冶萍公司，不许外国于福建设船厂等。第五号则以日后协商了之。

其他外交问题　其他外交问题，尚有善后大借款等。初，四国银行团成立，向华投资，日、俄后亦加入，是为六国银行团。中国时方统一，需款孔急，银行团请以盐税为担保，并用洋员稽察。中国以其干涉内政，不欲让步，美国且以有碍中国独立，退出银行团，五国银行团稍改态度，于民国二年，成立借款契约。中国借款二千五百万镑，四十七年还清，以盐税关余为担保，设立盐务稽核所，雇用外人襄助。袁氏得款，故能削平内乱。于此期内，美国较与中国亲善，顾其实力未必能败日本，中、日议商二十一条之时，美亦无能为助，惟称倘危害美国权利，与中国土地完整及门户开放政策，概不承认。条约成后，日本仍未改变仇视袁世凯之态度，帝制运动，日本连合英、俄、法抗议，并赞助梁启超等起兵讨袁。梁于《从军日记》深赞日人之恳切，固其明证，其政策亦非有爱于中国也。

第十九章

军阀势力下之中国

政治不安情状　张勋复辟　护法之争　南北之战　南北内部纷扰　省宪运动　直、奉战争　反直战争　执政统治下之北方　西南之纷扰　日本国际地位　欧战对于远东之影响　中、俄关系之剧变　华盛顿会议　中、俄协定

政治不安情状　五年（一九一六）六月七日，黎元洪宣誓就职，内阁总理段祺瑞掌握军权政权，不欲恢复《临时约法》，受制于国会。西南主张恢复《临时约法》，召集国会，事实上众议院议员任期已满三年，当即改选，而西南诸省视改选为不利。双方利害不同，主张不一，相持之际，上海海军宣布独立，投入西南，北方迫而让步。总统下令召集国会，速定宪法，重新任命段祺瑞为国务总理；西南撤销独立政府，南北形式上归于统一，而祸根依然存在。其困难之症结，则段为北洋军阀首领之一，专横太甚，大为总统所恶。其组织内阁也，敷衍各方，阁员兼有南北人员，意见不能统一。国会之召集，总统令有速定宪法之语，原欲其专议宪法，不问行政，议员固不肯受此限制。总统无权，渐与国会接近；军阀拥护总理，警告国会，纠纷久在酝酿之中。其引之爆发者，则对德参战也。

张勋复辟　六年（一九一七）春，德国无限制使用潜水艇，美国加入欧战，中国受美劝告，向德抗议，断绝邦交。其时黎、段嫌隙日深，竟至冲突。国内名流反对参战，段则欲得协约国之经济赞助，及扩张势力之计，主张参战。国会不可，乃利用督军议决案，向国会要求指使“公民请愿团”殴辱议员。五月，黎得张勋援助，下令免段祺瑞职，督军有宣布独立，出兵示威者，黎召张勋入京调处。张勋忠于清室，迭在徐州召集会议，为军阀领袖之一，至是，请黎解散国会，黎氏从之，七月一日，忽拥清帝复辟，宣示革新大政。张勋自居要职，夺去直隶督军曹锟之实权。段祺瑞亦未授官，出兵讨之，曹锟响应。张勋所部多在徐州，兵力不敌，退守北京，请人调停，一无所成。十二日，段、曹所部攻城，并有飞机助战，张勋兵败，部下送往荷兰使馆，兵士给资遣散。斯役也，死伤百有二人，大半且为平民，固非激战。北洋军阀原多赞成复辟，忽而改变态度，段则假借张勋之手，实现前定之计划，利用再造民国之名，恢复皖系权力而已。

护法之争　复辟失败，黎元洪不肯再出，副总统冯国璋先已代行总统职权，八月一日进京，段氏仍为国务总理，不欲召集国会，西南表示反对，上海海军独立。孙文至粤，组织军政府，于是南方分裂。就区域而言，护法者只有广东、广西、云南、贵州四省，四川、湖南态度不明，陆荣廷、唐继尧各霸一方，不相统属，孙文徒拥大元帅之名，盾发通电言其始末曰：“其时滇、桂之师，皆由地方问题而起，而所以宣告自主者，其态度犹属暗昧，似尚置根本大法于不问。……文不才，被举为大元帅。……自是以后，粤、桂、滇、黔又莫不宣言护法，始以恢复非法解散之国会为共同目的，于地方之争，一变而为护法之争。……顾吾国之大患，莫大于武人之争雄，南与北如一丘之貉，虽号称护法之省，亦莫肯俯首于法律及民意之下。故军政府虽成立，而被举之人多不就职，即对于非常会议亦莫肯明示其尊重之意。”非常会议，乃南下议员组织之会议，人数一百余名。综之，武人利用护法，不过便其私图与野心耳。

南北之战　北京政府统治之区域广大，并得列强承认，兵数多于南方，战斗力盖在南军之上，其困难则冯、段自相猜忌，意见不合也。冯于入京之先，惧防段氏，遣亲兵一师北上，湖北、江西、江苏督军又其亲信，其他各省督军，则与段氏接近，或为其党羽。八月，政府对德、奥宣战，九月，南北战起，北军两师奉命入湘，更换湖南督军，另调军队往援。川、闽、湘将独立，北军进攻，败之，忽而撤退，停战，入川之兵亦被缴械，长江三督请作调人，和议乃冯主张，段氏愤而去职。七年，南军前进，皖系再言用兵，冯遂迫而遣直军南下，再任段为国务总理。直军击败南军，次第攻取岳州、长沙、衡州，吴佩孚之力也，然以党争权利之故，不肯再进。段既不肯召集国会，另订议员选举法，党羽更包办选举。七年八月，新国会召集，徐世昌被选为总统. 十月，就职。冯既满任，段亦辞职。段自袁死而后，掌握大权，不幸一无建设，唯大借日债，专供内战，然竟不能统一，纠纷反而增多。

南北内部纷扰　南北成立相持之局势，北方情状已如上述，南方亦有党争。七年五月，军政府将欲改组，孙文辞职，非常会议改选总裁七人，军阀推岑春煊为主席总裁。南北政府改组，颇倾向于和议，外人亦有劝告。明年，双方各遣代表，会议于上海，终以意见分歧，各不相让，遂无结果而散。其主因则南方党争益烈，总代表之提案，尝不先商于其他代表，盖有以和议绝裂为便者。北方则总统无权，皖系专横，政敌益多，于是南北政府内部战争又在酝酿中矣。段以旧属不听指挥，更练新军，其新购之军械一部分，为奉天督军张作霖所夺，直系亦恶皖系，乃相连结。九年（一九二〇），吴佩孚更自衡州撤兵，于是直、皖战起，皖系失败，直系、奉系遂得支配北京政府。南方则在闽、粤军新得接济，陈炯明率之回粤，陆荣廷所部退出广东、云南，唐继尧亦为部将所逐。

省宪运动　军阀各据一隅，既不服从中央政府，又无民意机关监督，为所欲为，诚所谓土皇帝也。士大夫感受内乱之迭起，倡言联省自治者益多，武人利用其名，召集会议，制定省宪，借以避免中央政府之干涉。省宪成立最早者，当为湖南。十年，其长官赵恒惕聘请委员起草，交人民选举之代表审查，再经公民表决，事实上徒供政客利用，明年，公布省宪。省宪采用全民政治，有选举、创制、复决、罢免权，顾不切合湖南环境，不适于用，迄未实行。浙江继起制宪，且谓省政府于国宪未成之前，未受中央命令，此皖系督军卢永祥之所欲也，亦未实行。江苏、陕西诸省亦起而应之，要无所成，盖非本于民意，基础不固，不能持久也。

直、奉战争　直系、奉系组织北京政府，维持双方利益之平衡，终难于持久。十年（一九二一）夏，湖北兵变，湘军援鄂，吴佩孚出兵拒战，攻下岳州，并败入鄂之川兵，直系新得湖北，大启张作霖之忌。张推梁士诒组阁，谋于军饷上抑制吴氏，撤销皖系人员通缉令。十一年春，吴用外交问题，发电驱梁，直系督军起而响应，奉张为梁辩护，遣人赴粤，与孙文合作，调兵入关，隐结豫督赵倜共同制直。吴亦调兵遣将，预备作战。四月末，直、奉战起，奉军不胜，退出关外，赵倜举兵为冯玉祥所败，直系遂得支配北京政府，倡言恢复法统，黎元洪复位，召集旧国会，以为此可统一中国，天下固无若此之易事。六月，徐世昌迫而去职，黎元洪入京就职，国会开会。

反直战争　直系自战胜以来，分成派别，其首领曹锟欲为总统，竟与议长勾结，推翻内阁，军警受其指示，逼走总统，更出重款，贿赂议员，选己为总统，所行所为，直为儿戏，大为国人所恶，此十二年（一九二三）事也。十月，曹锟就职，国会公布《宪法》，《宪法》采用内阁制，列举中央地方权限，地方分省县二级，省得制宪，明年，直系失败，《宪法》随之取销。曹锟当选，孙文通电斥之，浙江督军卢永祥宣布独立，东三省先已宣布自主。直系统治区域，北有特别区域，黄河及长江大部分土地，至山西、山东长官，尚非亲信，急难不能相救也。孙传芳奉命援闽，势力始达福建。直系势盛，反对之者互相连合，战事又在酝酿之中。十三年夏，浙江收编闽兵，造成江、浙之战，两军激战于安亭一带，孙传芳入浙，近逼杭州。卢永祥退守上海，俄逃日本。孙文、张作霖出兵应之，南军分子复杂，不受调遣，未能北上。奉张分路出兵，吴佩孚统兵御之，直系兵力，原处于优胜地位。方战事进行之际，冯玉祥忽自热河回京，包围总统府，通电停战，于是直军败溃。

执政统治下之北方 奉军前进，收编败兵，进至天津，张、冯相见，请段祺瑞为临时执政。十一月，段氏就职，总揽大权。奉张利用时机，遣兵南下，先后取得直隶、山东、安徽、江苏地盘，十四年一月，苏军受齐燮元之运动，抗拒奉军，奉军败之，占领淞沪，陆军总长吴光新忽与孙传芳订成和约，双方撤兵。冯玉祥令清帝溥仪出宫，修改优待条件，然势不敌奉张所部，改称国民军，据有北京一带，新得察哈尔、绥远，与之合作之陕军，南向河南发展，吴佩孚旧部抗之，段命在陕之豫军东下，吴氏败逃，南至岳州。豫军、陕军各争地盘，发生激战，陕军胜利，进占河南。直系之在长江者，尚有势力，祸乱仍在酝酿之中。执政迄无解决之办法，电请孙文北上，其公布之善后会议条例，且不待其同意，国民党拒绝参加。十月，孙传芳起兵讨奉，苏将响应，奉军奉命撤退，吴佩孚自称讨贼联军总司令。奉军方以全力应付国民军，而郭松龄忽而倒戈，国民军进攻天津，河南陕军东攻山东。奉军战败郭部，十五年一月，入关作战，北方遂在混乱之中。

西南之纷扰 西南方面，亦有战事。陈炯明于九年回粤，驱逐桂军，孙文南至广州，明年，非常国会举为大总统，五月，孙文就职，组织政府，遣兵攻取广西，谋欲北伐。陈炯明主张联省自治，不肯接济，湘人又不假道。十一年（一九二二），北伐军回粤，陈炯明奉命免职。时值直、奉战争，孙文命自江西北伐，粤军忽自广西撤回，初则要求陈炯明复职，后则围攻总统府，孙文迫而去粤，北伐军回粤被阻，一部分退至福建，再谋入粤。陈炯明遣兵防之，北伐军更与桂将合作，自广西进攻，直达广州，在闽军队亦归。陈炯明所部退守东江，于是广东军队复杂，有滇军、桂军、湘军、粤军等。十二年二月，孙文返粤，任大元帅。北方反直战起，遣军北伐，诸将竟不听命，又以列强之压迫，乃与俄国往来，十三年，召集中国国民党第一次代表大会，通过容共案，创立黄埔军官学校。粤商创设商团，谋抗政府，政府将其缴械，发生巷战，死者五六千人，焚毁二千家，俄而孙文北上，陈部欲取广州。十四年，政府军东征，胜利后，进而解决杂牌军队，广东始得统一，而孙文已殁于北京矣。

日本国际地位　日本既于中国多得权利，进而谋欲巩固其地位，并保障其利益。先是民国元年，与俄第三次订成密约。五年（一九一六），二国订成协定，各不相害，如其利益发生危险，二国协助，保护其权利。同时，又订密约，若一国因保卫其利益，与第三国宣战，其缔约国当即应其请求，共同作战，期效五年。而中国年有战争，人民痛苦有增无已，外交受欧战之影响，忍辱接受日本提出之二十一条。日本反对帝制，一面提出警告，一面赞助反对派起兵，云南讨袁，已见于第十八章。宗社党等之活动，亦与日有关。袁死，宗社党余孽及土匪，仍为害满、蒙，更酿成郑家屯华兵、日兵互斗之案。日本进而要求多端，政府许之。其尤有关系者，日本于攻青岛之前，提出条件，使英国承认日本山东权利，及据有赤道北德属岛屿，英国许而从之，法、俄、意亦承认其条件。而地位愈巩固，利益愈有保障矣。

欧战对于远东之影响　日既筹得保卫利益之方法，始允中国对德绝交，参加欧战。五年八月，中国加入战团，取消德、奥庚款，收回租界，协约国除俄而外，允许停付庚款五年，并得德、奥在我国领海内之船只。其许我者，惟改正海关税则切实值百抽五耳，六年（一九一七），俄共产党执政，日遣大员石井赴美，成立谅解，互换文件。中国方面，皖系方握政权，大借日债，数逾二万万元，多无担保，所谓西原借款也，用途多作军费，并购日械，雇用日员操练军队。共产党于俄既握政权，单独与德议和，日本更欲利用时机，伸长势力。七年，多方诱说中国当局，订成中、日军事协定。斯年冬，德国乞和，明年一月，巴黎和会开会，中国南北政府各有代表，其共同目的，则收回丧失之主权也。关于山东问题，中、日发生严重之争执，和会许日承受德国享受之权利。国人闻而大哗，北京学生怒而焚毁亲日派之宅，和议代表拒绝签定德约。奥约则签字，故得加入国际联盟，十年（一九二一），中、德订成条约，恢复邦交，中、日问题，仍未解决。

中、俄关系之剧变　帝俄侵略中国、同于日本，二国四次缔结密约，维持夺得之利益。俄在中国建筑铁路，煽惑外蒙古独立，革命成功之后，叛乱时起，列强更常赞助叛人。共产党初尚自顾不暇，势力未达于远东，且为宣传之计，改变传统政策。协约国援救捷克军队，出兵西伯利亚，援助白俄领袖组织政府。日本借端占据库页岛北部。中国政府撤销帝俄外交人员之承认，封闭俄邮，管理俄人，接收租界，东三省长官亦收管铁路区域。中东铁路则由国际委员会管理，道胜银行旋与中国代表议定共管铁路章程。外蒙亦因俄之革命，取消独立，都护使陈毅原与蒙古王公接近，议订优待条件，八年十月，筹边使徐树铮将其推翻，威胁活佛王公取消自主，呼伦贝尔特区亦奉命取消。会直、皖战起，驻军撤回，白党恩琴侵入，红军败之，占据其地，外蒙复脱离中国。中、俄时未恢复邦交，苏俄一再宣言放弃侵略所得之权利。政府初多顾虑，未能利用时机，立即订约。

华盛顿会议 巴黎和会未能解决中、日之争执，日、俄问题亦未解决，西伯利亚尚有日兵。美国久与日本立于利害冲突之地位，不欲英与日本再订同盟条约。十年（一九二一）召集华盛顿会议，中、日、英、法、意、葡、荷、比均有代表，其目的一为限制海军，一为解决太平洋之问题，俄国独未被邀加入。中国参与会议，希望甚奢，明年，闭会，虽不免于失望，然亦能有所得。议决案关于我国者，约有数端：一、《九国公约》载明尊重中国主权领土完整，及各国在华之经济机会平等。二、中国增高海关税则，寻常货物加税百分之二·五，奢侈品百分之五，废除厘金后，得增至百分之一二·五。三、列强允裁客邮，停止无线电营业。四、英愿归还威海卫，余若废除领事裁判权，迄未实行，无庸列举。中、日问题于此时解决者：一、日本归还胶州湾，胶济铁路许中国于十五年内出日金四千万元赎回。二、日本声称南满、东蒙铁路，新银行团可以投资，放弃雇用日人优先权，及第五号将来再议之条件。《公约》成立，法国要求解决金佛郎案，始肯批准，迟至十四年（一九二五），方始解决。

中、俄协定 俄国虽未参与华会，而影响中国外交及远东国际形势者，至为重要。共产党领袖方欲引起世界革命，故力援助被压迫之民族，起而反对资本主义之国家。故自革命以来，宣布放弃侵略所得之权利，中国初置不理，互派代表亦未改善二国之邦交。十一年（一九二二），俄派大员越飞来华，除与孙文发表共同宣言而外，未有成绩。明年九月，其外交委员加拉罕入京，交涉迟至十三年春，方始议定大纲，解决悬案，旋与外交总长顾维钧议成协定。其要款凡四：一、恢复邦交，中国还俄使馆等。二、俄归还租界，取消领事裁判权，庚款作为教育经费。三、一月内二国会议解决悬案。四、二国共管中东铁路。凡涉主权者，概归华官办理。协定载明之会议，迟至年余方始开会，竟未有所决定，中国之不统一，固其原因之一。俄遣员至奉，议成协定，减少归还铁路之年限。新疆长官先已与俄订约通商，外蒙则俄地位已固矣。

第二十章

最近中国之内政外交

北方割据形势　北伐军之胜利　东南之攻取　宁、汉分立　武汉分共　统一之经过　政府组织　天灾人祸　国难之严重　内乱外患之交迫　外交形势之剧变　东北问题　国难期内之中、日交涉　现时国内之需要

北方割据形势　十四年，北方军阀混战，人民深受痛苦，明年，战事结果，冯玉祥所部国民军处于不利之地位，恢复曹锟自由，谋与吴佩孚合作，不得，其在河南之国民军则全军溃散。吴氏遣军自河南入直，奉军入关，张宗昌所部亦奉令进攻，冯军迫而退守南口，更败逃而西，为晋军收编。执政段祺瑞退居，北京政府改组，直、奉两系领袖不能合作。张作霖统治东三省、热河、察哈尔、山东及直隶一部分，吴佩孚统有湖北、河南及直隶沿京汉路一带城邑，阎锡山治理山西、绥远，冯军据有甘肃。长江下流，孙传芳自称五省联军总司令，据有江西、安徽、江苏、浙江、福建。四川、湖南等省，则政权尚不统一。群酋峙立之际，唯知榨取于民，扩充军队，奉养之厚，有如帝王，而人民苦矣。广东于十四年统一，政治组织与北方不同，乃取道湖南出师北伐。

北伐军之胜利　湖南自制省宪以来，未有改革，军权亦未统一，唐生智管理湘西，兵力最强，与省长赵恒惕不协，十五年春，逼走赵氏。赵向吴佩孚乞援，直军入湘。唐部退至衡州，向粤乞援。六月，国民政府任命蒋中正为国民革命军总司令，统军北伐，唐部湘军改称第八军，得援反攻，七月，占领长沙，乘势前进。吴佩孚调军南下，激战于湘、鄂边界，不胜，退至汉口，更北至信阳，不敢援助困守武昌之兵，十月，城下。两湖既下，江西、福建之战又起，孙传芳遣军入赣，亲至九江，指挥作战。两军互有胜负，南昌之役，尤为激烈。十一月初，革命军援至，攻克九江，孙部不堪再战，多被缴械，江西遂定。福建长官周荫人奉命攻粤，何应钦防守潮、梅，出其不意，攻陷其大本营，回兵袭击入粤之北军。此役也，北军倒戈，亦有力焉。何应钦统军进攻，十二月，进据福州。

东南之攻取　北伐胜利，而党内纠纷益甚。共产党利用时机，组织工会、农会，扩张实力，顾问鲍罗廷认蒋为政敌。中国国民党自改组以来，以容共、反共之争，领袖不能合作。十五年冬，国民政府迁都武昌，张人杰时任中央常务委员会主席，不见容于武汉政府。蒋氏调停，亦无效果。鲍罗廷患蒋攻取东南，声望益高，阻挠其计划。蒋中正不顾，十六年二月，决定进攻。孙传芳于兵败后，乞援于张作霖，拥为安国军总司令。张氏就职，尚不即遣援军南下，及革命军进攻，已无及矣。革命军分两路前进，一攻安徽，一攻浙江，陈调元加入革命军，皖南不战而下，何应钦亦占领浙江。北军南援者，防守上海、南京。会北伐军攻取常州等城，二地遂在包围之中，上海工人起而缴收防兵军械，南京北军退守江北，损失颇重。

宁、汉分立　鲍罗廷阻挠进取东南，不得，乃欲蒋氏战败，希望亦与事实相反，转而欲练上海工人谋与之抗（此据东京俄外交官 Bessedovsky 之纪载），事为蒋氏所知。武汉方面召集之三中全会，又削减总司令之职权，事变遂在酝酿之中。值汪兆铭回国，议定召集四中全会解决问题，而上海共产党之势日盛，蒋遂不待会议，实行清党。四月十八日，南京国民政府成立。武汉政府原欲遣军东下。而奉军进至豫南，鲍罗廷主张先击奉军，胜利之后，再攻取南京。

武汉政府接受其意见，调兵北上，其计划则协同冯玉祥所部作战，冯得接济，所部自陇、陕进至豫西也。两军激战于驻马店一带，冯部乘机攻取洛阳，奉军撤至黄河北岸。南京政府亦遣军北上，进据徐州，会北军反攻胜利，迫而放弃江北。

武汉分共 方豫南激战之际，川兵东下，鄂将夏斗寅应之，逼近武汉。幸豫战结束，军队来援，将其击败。其时共产党活动，湖北情状日趋恶劣，工商业几全停顿，税收大减，绅商惧祸，东走上海。政府集中现洋，纸币购买力因而降低，人民生计倍加困难。共产党又于湖南自由处决，收没土地，长沙驻军起而反抗，人心惶惶，不可终日。第三国际且欲夺取政权，印人饶益（Roy）出其密电示汪。七月，武汉政府决定分共，准鲍罗廷辞职，俄以郎明德思（Lomindze）代之，说汪赞同共产党之计划，未有所成，策动贺龙等起事。武汉政府遂严共产党之处置，东征之计划，一时停顿。南京方面军队新败，处于不利地位。冯玉祥出而调停，宁汉电商办法，蒋中正辞职去宁，武汉政府停止军事行动，而孙传芳所部忽渡江至栖霞山，谋攻南京，势甚危急，终为守军所败，形势为之一变。

统一之经过 宁、汉合作，原欲召集四中全会，解决一切。汪兆铭东至南京，宁方在沪委员不肯出席，汪往见之，亦无效果，孙科建议组织特别委员会，汪氏怒而西上，广东等地亦发电反对。武汉军队时归唐生智统率，进至芜湖。方议商之际，桂系忽遣大军，袭击芜湖。汪氏电请蒋中正自日本回国，谋于广州召集四中全会，蒋归，改于上海先开预备会，而广州之事变又起。汪遂出国，蒋中正复任总司令。十七年（一九二八）春，四中全会在京开会，改组中央党部，整理各地党务等。闭会后，蒋中正北上督师。初，北军渡江失败，退至蚌埠，旋守徐州，张宗昌遣军西攻河南，不胜，冯军反攻，何应钦会攻徐州下之。阎锡山时亦加入革命，所部进攻，不胜，扼守要害。至是，蒋统军北伐，冯玉祥、阎锡山各当一面，五月一日，克复济南，不幸与日人冲突，酿成惨案。奉张战不能胜，受日警告，六月，出关，车遇炸弹而死。张学良继之，统治东北，不顾日本干涉，服从国民政府，于是统一完成。

政府组织　八月，五中全会开会，议决善后问题，会胡汉民归国，倡议据《建国大纲》，设立五院。政府公布《国民政府组织法》，国民政府总揽治权，以行政院、立法院、司法院、考试院、监察院组织之。国府设有主席，委员自十二至十六人，各院院长、副院长均由国府任命。行政院为最高行政机关，下设部及委员会。立法院为最高立法机关，委员全由政府委任，自四十九至九十九人，任期二年。司法院为最高司法机关，考试院为最高考试机关，监察院为最高监察机关。五院先后成立，安插之人员颇多。地方政府采用两级制，省采委员制。政府改热河、察哈尔、绥远、宁夏、青海为省，合前二十二省，共二十七省，组织大致相同。省下为县，职权视前减削，其下尚有官署。

天灾人祸　二十年四月，公布《国民会议组织法》，五月，开会通过国府草成之《约法》。《约法》载明人民权利，尚未实行，无须讨论。方筹开会议之际，广东独立，陈济棠掌握军权，北方叛乱，幸即平定。斯年夏，长江大水，耕田多成泽国，被难者五千万人以上。九月，日军占据辽宁城邑，形势一变。京、粤始派代表在沪开会，决定召开第四次全国代表大会，选举执监委员，第一、二、三届中委为当然委员，问题固未解决。学生入京请愿，变为风气，甚者殴伤长官，要不过意气用事，或为人利用耳。政府召集第四届中央执行委员会，改组国府。

国难之严重　政府改组，蒋中正去宁，二十一年一月一日，孙科就行政院长，对于政治会议负责，其常务委员蒋中正、汪兆铭、胡汉民均不在京，无人负责。会汪、蒋相见，孙遂出京。汪任行政院长，方欲主持大计，而日人于上海挑衅，造成闸北之事变，日舰更炮击南京，国府迁至洛阳。于斯情状之下，商业停顿，税收大减，政府无法偿付公债之本息，经济组织将有崩溃之虑。日本更创立“满洲国”，攻取黑龙江。十一月，国府始迁回南京。

内乱外患之交迫　日本占据三省，政府无法应付，召集国难会议，亦无补救。二十二年一月，日军攻取榆关九门口，三月，占领热河。政府调集精锐，扼守长城要塞，而日军进攻，助以飞机铁甲车大炮，要塞乃多失守，日军两次进据滦东，并将包围平、津。五月中，黄郛抵平，议商停战。成立《塘沽协定》。北方形势和缓，政府方以全力“剿共”，而闽变又作矣。十一月，陈铭枢等创立人民革命政府进与共产党合作，中央先有准备，遣军讨伐。

外交形势之剧变 内政以受天灾人祸之影响，未有明显之进步，外交亦多失望，抑间有成功者，兹略言之。中国国民党自改组以来，以废除不平等条约为号召，改变对外自馁之观念，其抵抗之武器，则抵制外货也。外人感觉中国现已醒悟，北伐军胜利，即复兴之证。英以反英运动，谋与中国妥协，十六年，声称承认中国自主，准备交涉。北伐期内，列强借口保护侨民，出兵中国间亦造成事端，济南惨案，则其明证，幸均不久解决。北伐成功以来，政府收回关税自主权，海关直归财政部管辖，同时，收回汉口、九江、镇江、厦门英租界，及威海卫军港，比国交还天津租界，德、奥、俄租界前已收回。关于庚子赔款，有因欧战影响取消者，亦有移作文化或建设事业经费者，性质视前不同，此固可谓外交胜利，独取消领事裁判权之交涉，未有所成。政府方将管理外人，而东北事变发生，遂作罢论。

东北问题 东三省自清季以来，日、俄经营铁路矿产伐木，各有条约根据，且为避免竞争之计，互订密约，保障其权利，并划定势力范围。政府深以为患，改设官署，力谋挽回已失之权利。内地人民，感受生计之压迫，有往三省耕种或佣工者，数十年内，人口自五六百万增至三千万。俄国革命，政府收回北满之主权，诚一幸事。无奈国内割据之形势已成，中央命令久不行于东北，易帜之后，交涉仍由地方官主持，乃与日、俄发生严重之交涉，酿成大祸。十六年，中国以俄援助共产党于广州起事，对俄断绝邦交，东北尚有俄官。十八年夏，兵警检查俄领事馆，拘捕俄人，谓其宣传主义也。俄国严重抗议，并召回俄官，双方各称外兵侵扰边境，十月，俄军进攻，击败守兵，进至海拉尔，不受他国调停。张学良向俄议和，恢复中东铁路原状，其他问题，定明年会议解决，会议一再延期，二十一年，始以中、日问题，二国恢复邦交。

国难期内之中、日交涉　日本于南满得有根据地以来，借款经营，扩张势力，政客视为本国生命线，干涉其归附中央。其地长官对日交涉，既不愿让步，又无法拒绝，乃以延宕为策略。日本军人欲用武力解决，杜撰事实。二十年九月十八日，占据沈阳，未遇抵抗，数日之间，辽、吉二省失地过半。中国申请国联讨论处置，其议决案则二国撤兵，避免冲突，日本托言保护日侨，不即撤兵。国联拟划中立区域，中国力不敌日，此固免致事变扩大有效方法之一，奈政客利用外交攻击政府，终无所成，日军进陷锦州，更助乱民滋扰天津，借口反日，遣舰队来华，明年，造成淞沪之战。国联组织十九国会员之委员会，一再调停，英、美亦颇努力，守军战亦不胜，五月，成立协定。东北方面，日军侵犯北满。组织所谓满洲国，以溥仪为执政，夺取盐款、关税、邮权。

国联组织调查团，以英人李顿为主席，二十一年二月，来至东方，迭与中、日当局晤谈，并赴东三省调查，草成报告书，中国政府接受其建议，而在野要人反对，然无妥善之办法，不过责难政府耳。日本不肯取消满洲国，反对报告书。明年，国联一再调解，归于失败，非常大会通过报告书，日本退出国盟。方调解进行之际，日兵攻取榆关，进犯热河，威胁平、津，中国迫而签定协定。浪人大为害于滦东，通车通邮则于二十三四年先后解决。溥仪又于二十三年称帝。日人总揽政权，投资筑路，统一在满机关，并奖励日韩移民。中东铁路以新路次第筑成，经济上政治上之价值大减，二十四年春，俄国将其出售。中国与国联技术合作，日本竟于二十三年四月发表反对之宣言，英、美询问，始乃修正声明书，其政策则支配中国也。

现时国内之需要　内乱外患交迫，中国国势之危险，无以复加。外交之地位，原为国内情状之表征，处于今日，与强邻言战，固为不智，损失亦必加重；结援外国，恐未必有成，且非为其本国利益，绝不轻有举动。国人初望英、美，继望苏俄，无不失望，已不自竞，依赖他人，终必如此也。

第二十一章

经济教育状况

现状之造成　土地之开辟　土地分配之情状　农民穷困之主因　国际贸易之一斑　食料输入之激增　输出货物　经济出路之困难　公共卫生　教育之重要　学校与学术界　中国之前途

现状之造成　近百年来，内乱虐杀流亡之众多，外交屈辱丧失之重大，为十九、二十世纪大国中未有之现象。其造成之主因：一则政治腐败，国内未有远见之政治家，认识新时代之问题，比较中外之政治制度，以改革积弊，创办新事业，树立富强之基。一则科学进步以来，世界交通日趋便利，先进国已成现代化之国家，利用海陆军之威力，借端欺压弱国，签定丧失主权之条约。所顾虑者兼并土地太广，将起他国之反对，及国际上之纷纠也，是以弱国乃得苟延残喘于其间。以上各章叙述之事实，均足以资证明，无须详言。其他根本原因，则经济状况恶劣，知识浅陋也，提高或改善中国之情状，必须于此努力。兹分言之于下。

土地之开辟　我国人口未有确实之调查，据比较可信之估计，殆在四万五千万人以上。近时疆域视前狭小，而耕地则有增加，清之季叶，开放东三省等地，初则只许旗人领荒，汉人承种，后许汉人享受同等之权利。自开放以来，东三省人口增至三千万人，其大部分皆自关内徙居者也，内蒙古准许汉人移居，西南亦有改土为流者。耕种土地现无可信之报告，乾隆中年（十八世纪中叶），据官书纪载，凡七万四千余万亩。此数系指纳税田地而言，王公之庄田，卫所之屯田（明代各卫兵屯之田，清代入官），教育经费之学田，并未计入。漏税之黑田更不必论，耕地殆约十万万亩。咸、同大乱之后，人口锐减，荒地增多。

土地分配之情状　现时国内耕种之地，以东三省及内蒙古之开垦，颇有增加，据专家估计，耕地盖在十二至十六万万亩之间。所当知者，吾人通常以三百六十丈为亩而实大小不同，有以二百四十弓为亩者，又有以三百六十弓为亩者。算法固不精确，不过借以说明国内情状耳。耕地增加，而人口增加尤速，且新开垦之土地多在北方，常受气候之影响，一年只能耕种一次，产量远不如南方之多，两三亩始或能抵一亩。据中央农业实验所发表之调查，农民土地分配之情状如下：地在十亩以下者，占百分之三五点八，十至二十亩者，百分之二五点二，二十至三十亩者，百分之一四点二，三十至五十亩者百分之一六点五，五十亩以上者百分之八点三。

农民穷困之主因　实验所根据之材料，则据二十二省八百九十一县农情报告员之报告，南北比较，南方农民耕种之田亩少于北方，盖一多水田，一种旱谷，水田产量较多也。吾乡一家有田十亩者即为富户。据此报告，全国农民田在十亩以下者，超过三分之一,五十亩以上者则为数无几。美国农民有地七十至一百英亩者类多欠债，一英亩约当我国六亩，七十英亩凡四百余亩，一家有此数者，尚为贫穷之家，其能维持适当生活者，则田多在二百至四百英亩之间。二百英亩合我国亩数凡一千余亩。美制为粗放农业，所用之工较少，一年或耕种一次。我国为精细农业，用工多而生产量宜高。设想美农一亩所得，以四元计算，有田四百亩者，则一年收入凡一千六百元；有田千亩者则收入四千元。我国农民一亩所得作十元计算，有田十亩者，年得一百元，况三分之一农民耕地尚在十亩以下耶？吾人欲其生活改良，殆不易为。此实我国农夫穷困之根本原因。

先进国工业发达，农民占人口三分之一，英、美即其例也。日本原以农立国，农民现占二分之一。我国职业之种类太少，生产事业又不发达，农民占人口多数，固无疑问。所可惜者，国内未有可信之人口调查，农民据专家估计，约百分之七十五，比例之高，过于任何先进国家，耕种偏狭之地，日度马牛生活，一遇水旱之灾，即流离死亡，或沦为乞丐。汉口近禁乞丐入境，本年四月，遣送一千七百八十五人，而境内尚多。内地人民之饿死者，时有所闻。此种惨状，绝非偶尔遽然之事，乡村破产，乃自然结果。其影响之严重，经济组织为之动摇，盖以农立国，而农民生产之食料限于土地，不足供给本国需要，所得有限，而日用必需品，则须出款购买。中国乃向外国购买食料，输入超过输出，遂无法弥补。据海关报告，列表于下，输入输出以百万元为单位。

年度	输入	输出	总数	入超
一九年	二〇四一	一三九四	三四三五	六四七
二〇年	二二三四	一四一六	三六五〇	八一八
二一年	一六三四	七六八	二四〇二	八六六
二二年	一三四五	六一二	一九五七	七三三
二三年	一〇二九	五三五	一五六四	四九四

国际贸易之一斑　五年之中，入超货值凡三十五万五千八百万元。据上数目，二十年货物总值，与二十三年相较，多至一倍有余，其主因则二十一年下半年遂无东北海关报告也。其他原因，日、英、美国先后贬低货币价值，奖励货物出口，而我国货价以汇兑变更之故，为之提高，且国际贸易年有入超，我国又非产金及银之国，购买力弱，终无法维持也。所当知者，入超由来已久，以前何以能维持货币出入之平衡？据专家调查，则赖华侨汇款，外商借款投资，及外人在华用费等也。近者汇款已大减少，借款投资，殊难作为收入，外人用费，数亦有限，终不能维持平衡矣。故自十九年以来，

生银年有流出，近者受美购银影响，流出益多，国内存银减少，市面转运不灵。政府征收银税，并禁货币输出，而功效仍微。今日急切有效之方法，无过于奖励生产事业，保护本国工业，减少购买外货，庶能维持货币出入之平衡，生产事业范围至广，就农业一项而论，据海关报告，列米麦输入表于下。

米输入表

年度	量数（以百万公石为单位）	价值（以百万元为单位）
二一年	二二点四八七	一八五点七六五
二二年	二一点四一九	一五〇点八一九
二三年	一二点七五三	六五点六八五

麦输入表

年度	量数（以百万公石为单位）	价值（以百万元为单位）
二一年	一五点〇八五	八〇点六四三
二二年	一七点七一六	八八点〇四三
二三年	七点六八六	六五点六八五

食料输入之激增　合米麦价值而言，二十一年凡二万六千六百万元，二十二年，二万三千九百万元，二十三年，九千八百万元。三年合计，共六万三百万元。同时输入货价凡十九万一千五百万元。由此言之，米麦进口价值，占进口货值三分之一。二十三年，入超视二十二年减少二万三千九百万元，主因略言于上，而米麦进口大减于前，亦一原因也。他如面粉、糖及棉花，均有输入，价亦甚巨。

输出货物　输出货物，据海关报告，列表于下。

最近二年主要出口货值表（以千元为单位）

货名＼年份	二十二年	二十三年
生丝及蚕茧等	五七七三六	二八九八〇
棉　纱	四〇〇〇七	三一二九四

续表

年份 货名	二十二年	二十三年
蛋及其制品	三六四八〇	三〇二四三
茶	三四二一〇	三六〇九九
矿砂及其制品	三二三六六	三〇七三七
皮革及皮货	三一九二〇	二九〇八四
桐　　油	三〇二六一	二六二一七
棉　　花	三〇二二九	一五二〇一
花生及其制品	二三八六六	一七四二六

二年相较，输出锐减之甚，令人惊骇。我国输出物品，原以豆为大宗，二十年，凡六千六百八十万石，东三省占六千四百九十万石，当百分之九七，值国币三万万元以上。二十一年夏，东北海关被夺，上半年输出之豆，尚值一万万元以上。今则时变势移，可胜浩叹！

经济出路之困难　于此现状之下，中国已至极严重之时期，就人口土地分配而言，人口已至无可增加之时。现时通常建议：一、移民开垦，事实上则有限制，国内除边省而外，殆无广大之荒地。现受匪害之区域，政治入于常轨，流民或将回乡，即有荒地，亦不过能容数百万人耳。边省则东北已失，内蒙古则耕地有限，西北则受雨量沙漠之限制，可耕之荒地亦不甚多，甚者非有大规模之建设，不能耕种。一、奖励实业，我国工业原料除煤而外，并不丰富，就煤出产地而论，距工业区太远。国人创设之工厂，类多资本短少，缺乏技术上之经验，且当先进国竞争市场之际，中国货物将来绝无海外市场可言，充类至尽，只能供给本国之需要，断不能解决人口问题。

公共卫生　经济情状恶劣，人民营养不足，体弱多病，易于衰老，更很乏财力，无法购置合于卫生之设备，其人且多未受教育，缺乏卫生知识也。死亡率虽无征信之统计，要必甚高，尤以婴儿为甚。一国文化之程度，论者恒以人口死亡率之高低为衡，经济状况之改善，固非旦夕所能成功，而卫生知识之传播，公共卫生之讲求，则事较易。近时医学大有进步，其功用一为医治病人，一为预防疾病。疾病多由于传染，天花、白喉、霍乱、花柳病、沙眼等，均可预防。天花、白喉，儿童尤易传染，霍乱、花柳病、沙眼，则一般人民所易传染者，有待卫生知识之普及也。

教育之重要　改进人民生活，一为奖进生产事业，进步须远过于人口之增加，一为卫生知识之普遍，其他重要方法，并与二者关系密切者，当为教育之普及。国内人民之不识字者，约占百分之七八十，近时各国人民无不参与政事，非有相当知识，不能明了政治问题，而有正确之观念，可利用其权利。我国政治情状之恶劣，原因至杂，而人民未受教育，实一主因。办理地方自治，改变人民对于国家观念，及促进公共事业之发达，均将赖于教育。兹略叙述现时教育之情状与学术界之情形。

学校与学术界　我国教育制度，自清季以来迭有变更，其弊则视学生为试验品，现时教育问题繁多，学校之数太少，尤以小中学为甚，深有待于扩张。惟今日平民识字运动颇盛，将来之发达，可拭目而待也。

至于学术界，固有进步。自五四运动以来，改变一般人士之观念，运动原为政治活动，而各地学生闻风响应，其影响于思想者甚大。加以介绍西方学艺，文字趋于简易，刊物应时而出，盛极一时，说者称为新文化运动焉。

于此情状之下，我国思想学艺之发达，虽远不及外国，无须自馁，非聪明才力之不若人也。试观近时学术界，如地质学、生物学，非有明显之进展乎！整理国故，研究古史古文字，亦皆卓卓可传。缁译外国名著始于清季，近时译者益多，成绩必有可观。

中国之前途　综就国内现状而论，政治之待理，内乱之未靖，经济状况之恶劣，人民生计之痛苦，外力之压迫，国势危急，无过此时。吾人非明了其造成之原因，事变之经过，及事后之影响，将不知其困难之症结，终无建设之途径。国内需要，无过于具有远见，决定大计勇猛进行之政治家也。所当知者，几此恶劣现状之造成，决非一人一事之咎，不必互相责难，唯当各尽责任，期有所成而已。